Sudoku
Super Challenge 3

Can't get enough of USA TODAY puzzles?

You can play:

- In the USA TODAY newspaper

- At puzzles.usatoday.com

- By downloading the FREE USA TODAY app
  (Get it on Google Play or iTunes)

Sudoku
Super Challenge 3

200 Puzzles

Andrews McMeel
PUBLISHING®

Andrews McMeel Publishing
a division of Andrews McMeel Universal
1130 Walnut Street, Kansas City, Missouri 64106

www.andrewsmcmeel.com
puzzles.usatoday.com

21 22 23 24 25 PAH 10 9 8 7 6 5 4 3 2 1

ISBN: 978-1-5248-6718-8

ATTENTION: SCHOOLS AND BUSINESSES

Andrews McMeel books are available at quantity discounts with bulk purchase for educational, business, or sales promotional use. For information, please e-mail the Andrews McMeel Publishing Special Sales Department: specialsales@amuniversal.com.

Sudoku
Super Challenge 3

Introduction

About Sudoku

Sudoku is a Japanese word that loosely translated means "number" and "single." Its origin stems from an 18th-century brainteaser created by Swiss mathematician Leonhard Euler called Latin Squares.

Sudoku Plays and Rules

Complete the grid so that every row, column, and 3 × 3 cube contains every digit from 1 to 9 inclusive with no repetition.

In Sudoku, you are given a 9 × 9 grid. Some of the grid squares already contain numbers—you cannot change these. To work the puzzle, fill in the empty squares of the grid with the numerals 1 through 9.

The puzzle is solved when each row, each column, and each 3 × 3 cube contains the numerals 1 through 9 with each numeral appearing only *once*. The 3 × 3 cubes are differentiated by shading.

A Sample Sudoku

Working a sample puzzle will help you learn valuable Sudoku tips. For simplicity's sake, each column, row, and cube in the sample puzzle will be designated for easy reference; see fig. A.

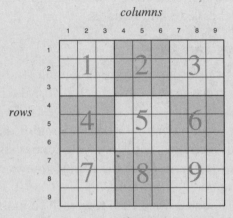

Figure A

To begin completing this Sudoku puzzle, first look for obvious answers that you can determine from simple elimination. Starting with the number 1, work your way through the puzzle checking each cube to determine where a number 1 should go. For example, look at cube 5 in fig. B. Remembering that each cube must have the numbers 1 through 9 and that no number can be repeated in a row or column, you can deduce the correct position for the number 1. Row 4 has a number 1 in cube 4 so you know that the number 1 in cube 5 cannot be in row 4. Now, if you look at column 4, you see that cube 8 has a number 1 in that column. From this, you know that the number 1 in cube 5 must be in row 6, column 6.

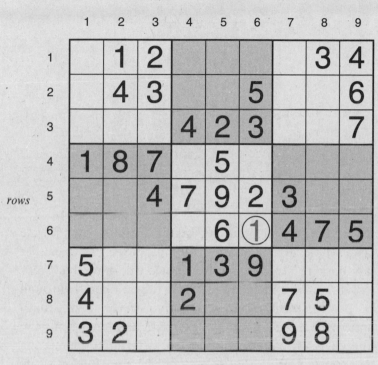

Figure B

Now you can easily find the position of number 1 in cube 2. You already know that row 1 and column 4 are not available. So the only position for number 1 is the middle square of that cube.

Using this strategy, check the remaining cubes for the number 1 and proceed with the rest of the numbers until you have checked them all 1 through 9. Check your solutions with fig. C to see if you found all of the possible answers by elimination.

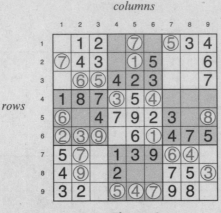

Figure C

Now that you are this far, take a look at your puzzle as a whole. Are there any columns, rows, or cubes that are missing just one number? Since we know that every column, row, and cube must have the numbers 1 through 9, you can easily fill in any section of the puzzle that's missing just one square. For example, column 5 is missing one digit. By elimination you can determine the missing number is 8. With that solved, cube 8 now has only one missing answer. Look for other solutions such as these.

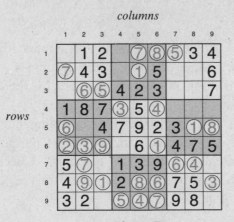

Figure D

You may find it helpful to jot down possible solutions in the blank squares as helpful reminders. As you determine other answers, one of your clues may be eliminated, and in turn, reveal the only possible solution for that blank.

After completing the rows, columns, and cubes with only one answer missing, look at the ones with two answers missing. Determine which numbers are not filled in and check those against the numbers in each cube, column, or row. For example, look at column 3 in fig. D. The missing numbers from this column are 6 and 8. Look at the rows and cubes that intersect column 3. Row 7 has the number 6 in it already so you know that the blank square (column 3, row 7) cannot be 6. By elimination, it must be 8. This also works when you study row 9. Row 9 already has an 8 in it so by elimination the blank square (column 3, row 9) must be 6; see fig. E.

Check the rows and columns for the rest of the puzzle using this strategy. Remember, after you fill in a blank, search all rows, columns, and cubes again for any that are missing one digit. You now should be able to complete the rest of the puzzle.

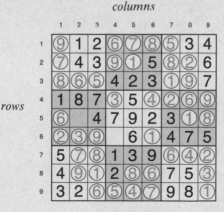

Figure E

If you get stuck, remember the first step you took to complete the puzzle: simple elimination.

Now that you have completed your first Sudoku puzzle, have fun and go wild with the challenging and addictive puzzles collected in this book!

Solution

1

Difficulty: ★ ☆ ☆ ☆ ☆

2

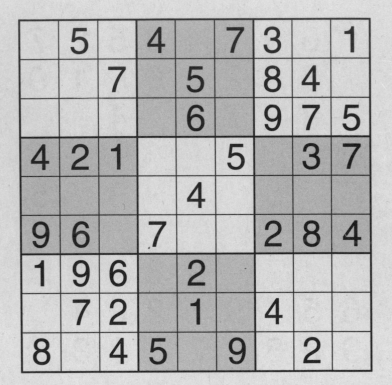

Difficulty: ★☆☆☆☆

3

Difficulty: ★☆☆☆☆

4

4			6			2	5	
5		7	4	8	9			3
		3		7	2		9	
	5	4			8			
8	3			6			4	9
			1			5	8	
	8		9	1		6		
3			8	2	6	9		1
	1	9			7			8

Difficulty: ★☆☆☆☆

5

9			1	7			5	
		1	4	2	5			8
		5	8	3		4	1	7
4			3	1		5		
1	9						3	6
		3		9	7			4
2	3	8		4	1	6		
7			5	6	3	2		
	1			8	2			3

Difficulty: ★ ☆ ☆ ☆ ☆

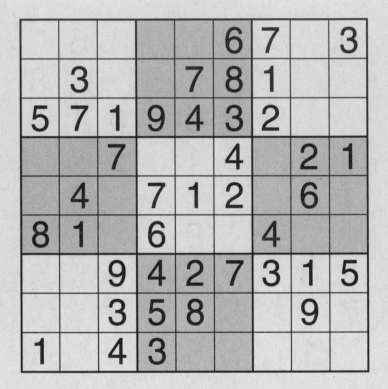

Difficulty: ★☆☆☆☆

7

8

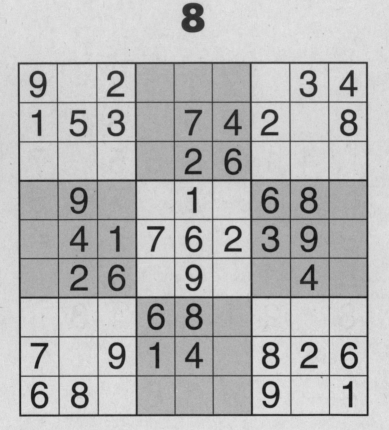

Difficulty: ★☆☆☆☆

9

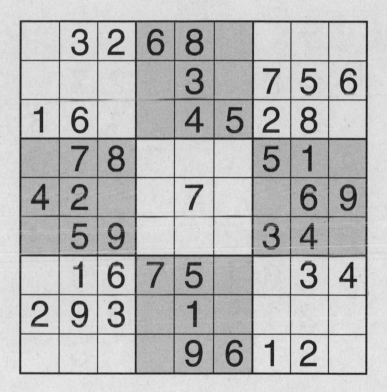

	3	2	6	8				
				3		7	5	6
1	6			4	5	2	8	
	7	8				5	1	
4	2			7			6	9
	5	9				3	4	
	1	6	7	5			3	4
2	9	3		1				
				9	6	1	2	

Difficulty: ★☆☆☆☆

10

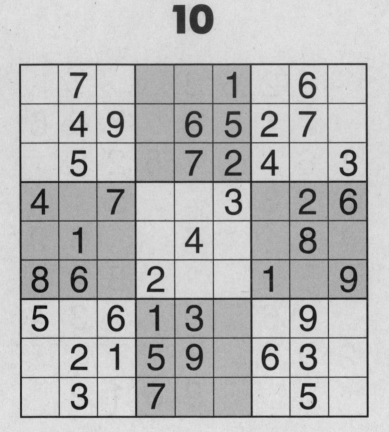

Difficulty: ★ ☆ ☆ ☆ ☆

11

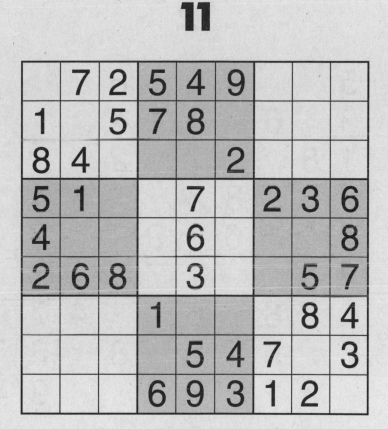

Difficulty: ★☆☆☆☆

12

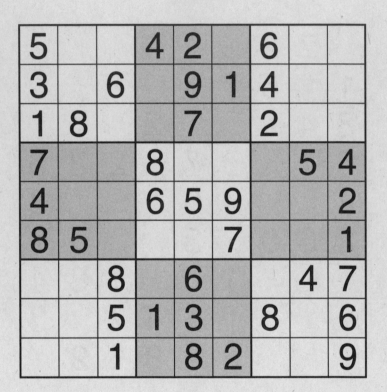

Difficulty: ★☆☆☆☆

13

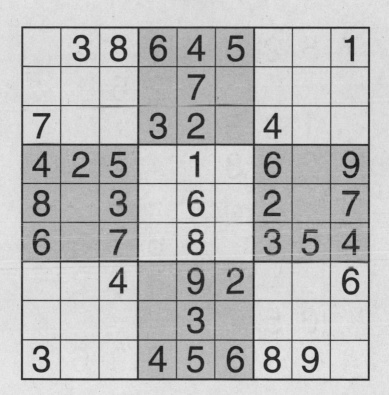

14

7	5	2	6	3	1			
					2	6	1	
	1	9	5		4			
	2		8			4	3	
8		1		4		2		6
	3	4			6		5	
			4		8	5	2	
	6	5	7					
			1	5	3	9	6	7

Difficulty: ★☆☆☆☆

15

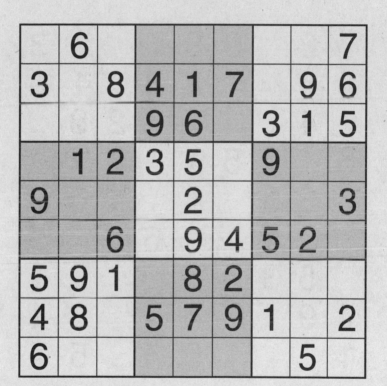

Difficulty: ★☆☆☆☆

16

	2		9	6				3
3	6			2	8		1	9
	4			7	3	2	8	
6			5			7		
	3	5		4		1	6	
		4			6			5
	5	3	6	8			2	
4	9		7	5			3	1
1				9	4		5	

Difficulty: ★☆☆☆☆

17

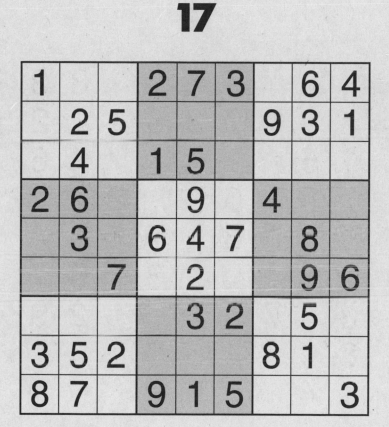

18

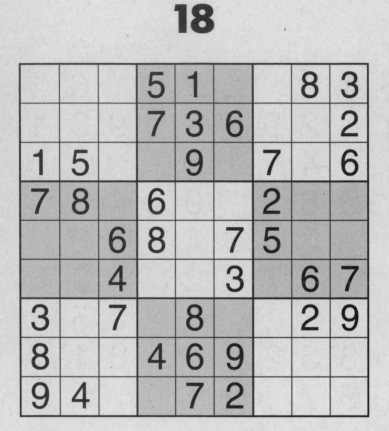

Difficulty: ★☆☆☆☆

19

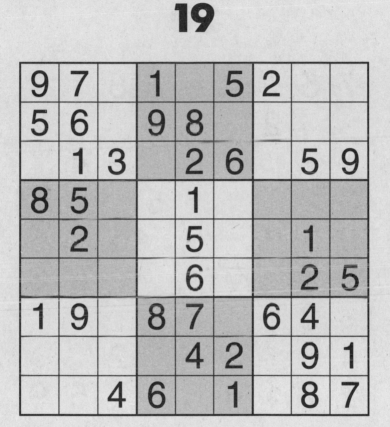

20

7	5			9	2	8	1	3
		2			8			7
	3			5		9	4	
3	2				5			4
9		7		3		1		5
8			7				9	6
	8	3		6			7	
4			5			2		
2	7	1	4	8			5	9

Difficulty: ★☆☆☆☆

21

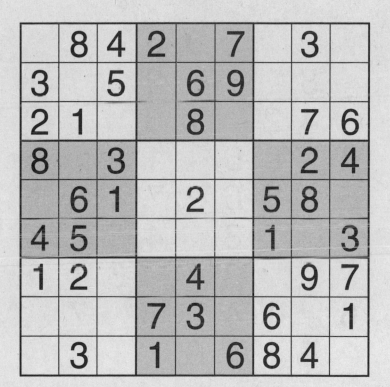

22

				3	6		2	
	8				2	3		9
	4	2		1	5			
4		8	5		1	2		
5		3	6	2	7	4		1
		7	3		4	5		6
			2	7		6	1	
6		1	4				7	
	5		1	6				

Difficulty: ★☆☆☆☆

USA TODAY

23

Difficulty: ★☆☆☆☆

24

		5		3	6	7		
	6		1	4	8		9	5
3		9		7	5	8	6	
	1		3		2	9		
				9				
		2	5		1		3	
	3	1	8	2		6		9
9	7		6	1	3		8	
		6	7	5		1		

Difficulty: ★☆☆☆☆

25

		9		1			6	
6	2	1		9				7
3				6	2	1		5
7		6			4		2	
2	4			7			5	1
	3		6			7		4
1		3	2	4				9
4				8		5	3	6
	5			3		4		

Difficulty: ★ ☆ ☆ ☆ ☆

26

8		6		7	1			
3	2	5		6				7
			3	5		6		9
	7				3	9	6	8
	5			9			4	
9	3	4	6				2	
7		3		2	5			
4				8		5	3	2
			9	3		1		6

Difficulty: ★☆☆☆☆

27

2			7	5	6		3	
5		8		1		4		7
6				8	9	2		5
	5		2	3				1
		2		7		6		
8				9	1		2	
1		5	8	4				2
7		3		6		1		4
	8		1	2	3			6

Difficulty: ★☆☆☆☆

28

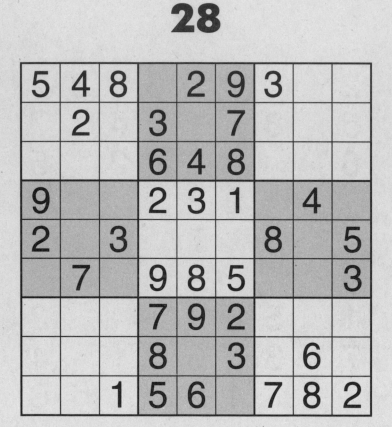

Difficulty: ★☆☆☆☆

29

	6				7	5	1	4
		3	2	4	5	6		
7				6		3		
	8	1	7					5
	3	2		9		4	7	
5					4	2	8	
		5		8				9
		6	9	7	1	8		
9	7	8	4				6	

Difficulty: ★☆☆☆☆

30

	3		4	7	8		6	5
	6	4		2		7	9	
					5		3	2
		1			7	8		
3		5		8		6		7
		6	5			9		
7	1		9					
	5	3		1		2	7	
9	4		7	5	2		1	

Difficulty: ★☆☆☆☆

31

Difficulty: ★★☆☆☆

32

7			1	4	2			
	8							9
		6		7				4
			2				3	6
9	2		4		6		8	7
6	4				5			
5				1		7		
3							1	
			9	6	8			5

Difficulty: ★★☆☆☆

33

		2						4
5	7		1	4			6	
		6		8	5	7		1
9		4		7			2	
		7	5		1	4		
	8			9		6		7
7		1	6	5		3		
	4			2	9		1	6
6						9		

Difficulty: ★★☆☆☆

34

Difficulty: ★★☆☆☆

35

2				1		8		7
		4						
	8			4	5			6
1				9			5	
7			1	5	8			9
	6			2				3
3			7	8			6	
					3			
8		6		3				2

Difficulty: ★★☆☆☆

36

				7	4	6		
4				5				8
			1	6	8		7	2
8	4			9		3		1
7				1				5
1		9		3			6	4
6	7		5	2	1			
9				8				6
		2	6	4				

Difficulty: ★★☆☆☆

37

6				8	4			1
7		9	6	1				
1					3	7		4
			2		6			3
		1				8		
4			8		1			
9		4	1					2
				6	5	4		7
8			4	2				9

Difficulty: ★★☆☆☆

38

1	8		4					5
			2		1			
				8			4	2
5		9		7				3
		4		3		5		
7				1		9		6
4	7			9				
			8		6			
3					7		5	4

Difficulty: ★★☆☆☆

39

Difficulty: ★★☆☆☆

40

Difficulty: ★★☆☆☆

41

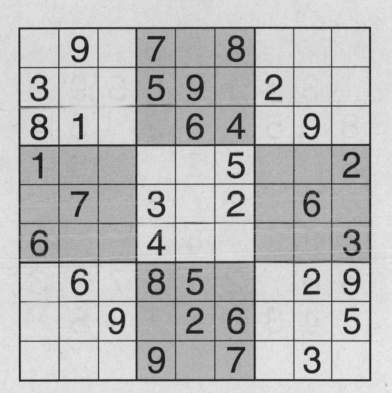

	9		7		8			
3			5	9		2		
8	1			6	4		9	
1					5			2
	7		3		2		6	
6			4					3
	6		8	5			2	9
		9		2	6			5
			9		7		3	

Difficulty: ★★☆☆☆

42

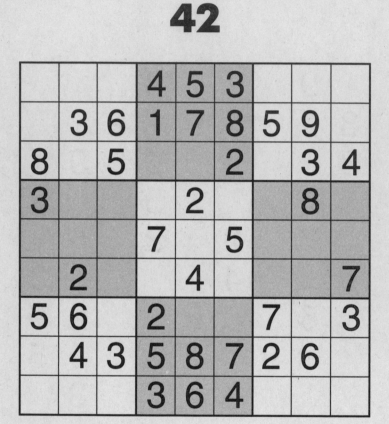

Difficulty: ★★☆☆☆

43

	9			5				1
	1				9	6		
2	8	4		3		5		
4	3		5	1				
			3		7			
				4	8		5	3
		5		6		4	7	8
		9	4				1	
7				8			3	

Difficulty: ★★☆☆☆

44

9		2		8	7			
		4		1	2	8	6	
				4				
4		7			1		8	6
	8						1	
6	9		8			2		7
				3				
	3	9	5	7		6		
			1	2		9		8

Difficulty: ★★☆☆☆

45

Difficulty: ★ ★ ☆ ☆ ☆

46

		1			4		6	
				6				
	6	7	1	5				
	2			7	8			9
	4	8		2		3	1	
3			4	9			2	
				3	2	8	4	
				4				
	5		9			2		

Difficulty: ★★☆☆☆

47

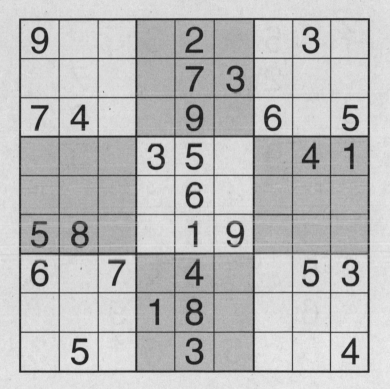

Difficulty: ★★☆☆☆

48

Difficulty: ★★☆☆☆

49

		6		5	9		7	
		7			2	5	9	
5	9		8					
	1			4		7	8	
7				2				5
	5	8		3			2	
					4		3	9
	3	1	6			2		
	4		2	7		8		

Difficulty: ★★☆☆☆

50

Difficulty: ★★☆☆☆

51

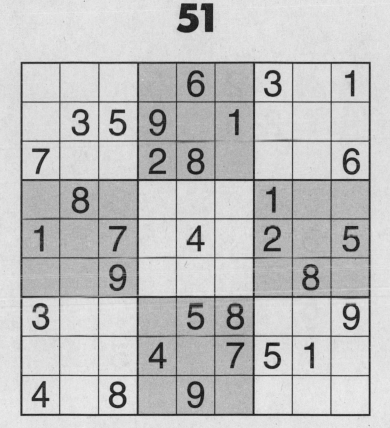

Difficulty: ★★☆☆☆

52

7			2	9	5			
		2	3			1	9	
9				7	4		3	
		4				3		
	8			6			5	
		9				7		
	9		8	4				1
	4	7			9	5		
			5	2	3			4

Difficulty: ★★☆☆☆

53

Difficulty: ★★☆☆☆

54

1	2	5	8	9				
			2	5	4	6		1
				7		2		
7	1				3	9		
				2				
		2	7				6	3
		3		6				
5		6	1	3	2			
				4	8	7	3	6

Difficulty: ★★☆☆☆

55

Difficulty: ★ ★ ☆ ☆ ☆

56

	1			4				6
		5		3	2			
	9		6	7			5	
7				9			6	3
	5			2			8	
4	6			5				9
	4			1	9		3	
			4	8		9		
5				6			7	

Difficulty: ★★☆☆☆

57

58

		4			3			
6	1			9			7	
8				7	2	6		9
		3		5	6	7		
1	6			2			5	3
		9	3	1		4		
2		1	7	3				4
	9			4			3	8
			2			1		

Difficulty: ★★☆☆☆

59

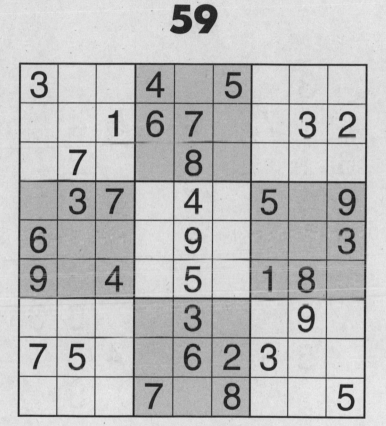

Difficulty: ★★☆☆☆

60

Difficulty: ★★☆☆☆

61

Difficulty: ★★☆☆☆

62

	3		7		8	6	5	
	8			1		9	7	
				6	3	8		4
9				4	7			
		8		2		5		
			3	8				9
2		4	8	5				
	9	3		7			4	
	1	5	2		4		9	

Difficulty: ★★☆☆☆

63

				8		4	6	5
	7			2	6	1	3	
						8		
		6			5			
	5	7		3		9	8	
			8			5		
		3						
	8	2	9	5			7	
7	6	9		4				

Difficulty: ★★☆☆☆

64

5		4						1
3	1	9		6	2			
			1	4		9		
9		1					4	
7	5			9			3	6
	8					5		2
		7		5	6			
			9	7		6	8	4
8						7		5

Difficulty: ★★☆☆☆

65

Difficulty: ★★☆☆☆

66

			2	7		3		
3							8	2
		7	3	4				1
	6		4	2		8		
		3		8		1		
		1		6	3		5	
4				5	7	6		
6	9							7
		8		1	4			

Difficulty: ★★☆☆☆

67

	4		6			1	2	
8				1			4	
1	5			4		6		
				7		9	6	5
			1	6	4			
2	7	6		8				
		8		9			5	6
	2			5				7
	9	5			6		3	

Difficulty: ★★☆☆☆

68

		3	2	4	6			1
			9	1		3		4
	1			3		2	6	9
		6			7			
		1		9		5		
			6			8		
8	3	9		6			7	
2		5		7	4			
1			8	2	9	6		

Difficulty: ★★☆☆☆

69

		6		7	5	1		
8				1			6	
			3	4			9	7
7				9	4		1	8
	9	1		3		7	4	
4	8		1	5				6
6	1			8	3			
	5			6				1
		4	5	2		6		

Difficulty: ★ ★ ☆ ☆ ☆

70

1				4	2			
8		2	3	7			4	
9		7	5					
4						6	7	
		6		8		9		
	9	8						4
					4	3		1
	5			9	7	4		2
			8	3				9

Difficulty: ★★☆☆☆

71

Difficulty: ★★★☆☆

72

2		4		7	9	3		1
5				1				2
				8		5		9
		7	1		2			
				6				
			7		5	9		
7		3		9				
1				5				3
8		6	3	2		1		7

Difficulty: ★ ★ ★ ☆ ☆

73

	8				9			
		1		2			3	
			1	7		9	2	8
		9	3					2
8	5		7	1	2		9	4
3					8	1		
5	7	8		3	1			
	1			8		2		
			9				7	

Difficulty: ★ ★ ★ ☆ ☆

74

4		2		1	5			
6		5		4	9	8		
				3		7		4
	9	6						8
				5				
1						2	9	
7		1		6				
		9	3	8		4		5
			1	9		6		7

Difficulty: ★★★☆☆

75

8					5	1		
					1	2		4
7			4	2				6
	6		9	8				
		9				3		
				5	7		1	
2				4	3			8
9		6	2					
		8	5					1

Difficulty: ★ ★ ★ ☆ ☆

76

	1			4	8	9		
	8	9	5		2			
				9			4	2
	5			6		7	3	
			9		7			
	2	7		5			6	
5	4			8				
			4		5	6	8	
		8	6	1			9	

Difficulty: ★ ★ ★ ☆ ☆

77

	7	2	8	9	6			
		3		1				2
	9		2		3			
	2			8			1	
		5		6		9		
	1			7			5	
			7		1		6	
9				3		1		
			6	5	9	3	7	

Difficulty: ★ ★ ★ ☆ ☆

78

			9	3	2			
			4	1	7	2		
	2			6		4	7	9
5	9			8		3	4	
2				4				7
	3	4		9			2	8
3	7	2		5			6	
		1	6	7	4			
			3	2	9			

Difficulty: ★ ★ ★ ☆ ☆

79

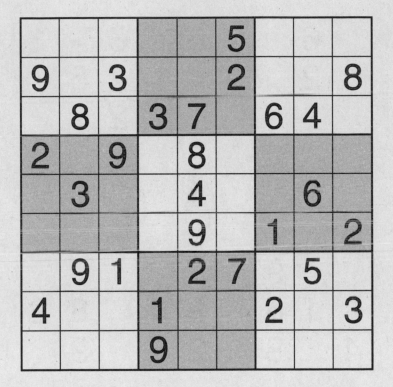

Difficulty: ★★★☆☆

80

Difficulty: ★ ★ ★ ☆ ☆

81

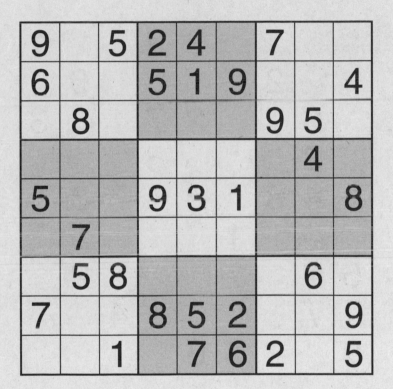

Difficulty: ★ ★ ★ ☆ ☆

82

				3	9			1
		2					6	
	6			2	7			3
	3				5			
	4	8		9		7	3	
			1				8	
6			7	1			2	
	7					4		
9			3	6				

Difficulty: ★ ★ ★ ☆ ☆

83

Difficulty: ★★★☆☆

84

6			5	9				3
				7	3	1		4
				4			2	5
	5							9
	9	4		6		8	3	
3							4	
9	6			1				
7		5	6	2				
4				5	8			7

Difficulty: ★★★☆☆

85

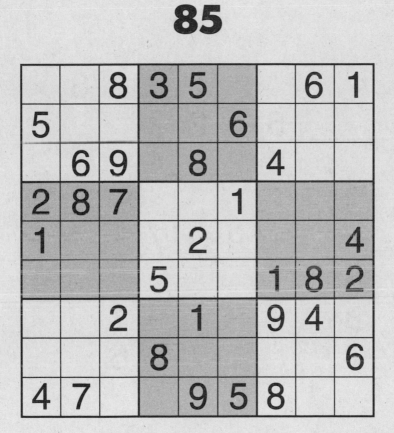

Difficulty: ★★★☆☆

86

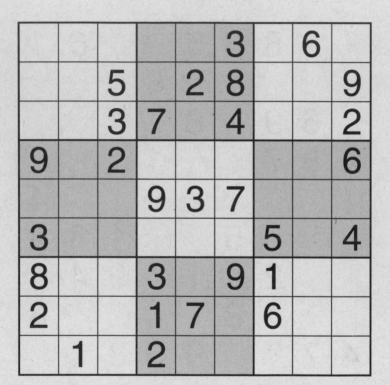

Difficulty: ★★★☆☆

87

				4	5	1		9
				6	3		2	8
	3		2				5	
	2		3			5		7
3				9				1
5		9			6		4	
	5				8		1	
9	8		6	5				
4		3	9	7				

Difficulty: ★★★☆☆

88

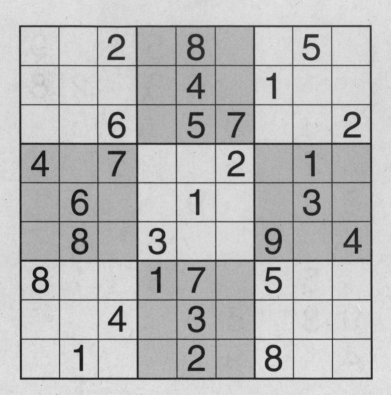

Difficulty: ★★★☆☆

89

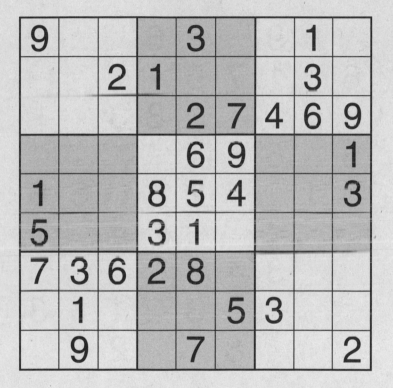

9				3			1	
		2	1				3	
				2	7	4	6	9
				6	9			1
1			8	5	4			3
5			3	1				
7	3	6	2	8				
	1				5	3		
	9			7				2

Difficulty: ★★★☆☆

90

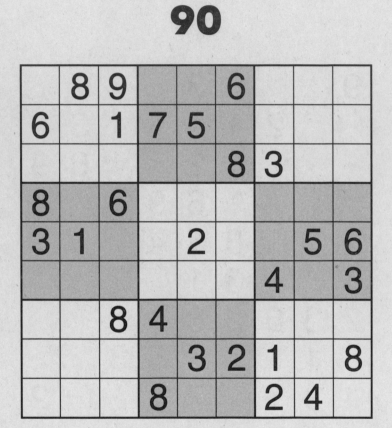

Difficulty: ★★★☆☆

91

5				7	9	4		3
	6				5	1		
				6				2
	8	4		5				
			4	1	7			
				3		6	4	
2				9				
		9	5				1	
1		5	7	4				9

Difficulty: ★ ★ ★ ☆ ☆

92

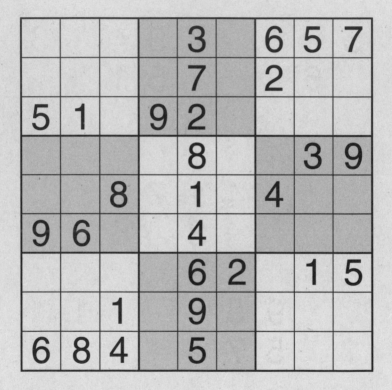

Difficulty: ★★★☆☆

93

		6		8			4	
		5	6	7			8	
1	8			5				
6				1			3	
		9	2	6	4	7		
	7			9				6
				2			5	7
	6			4	1	3		
	5			3		4		

Difficulty: ★★★☆☆

94

1	3		4	8				
					9		6	4
	9			3		7		
				4	7	6	1	
4								8
	8	1	2	6				
		9		2			3	
5	7		3					
				5	8		9	6

Difficulty: ★ ★ ★ ☆ ☆

95

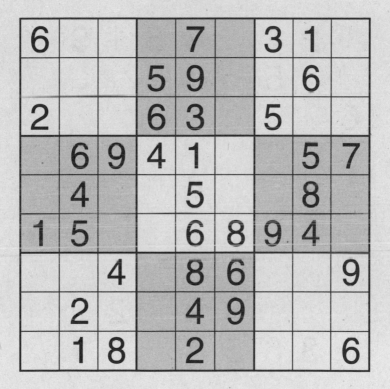

Difficulty: ★★★☆☆

96

	2	4		8	5	1	9	
		5		3	2			
6				1				
5							7	
	6			5			2	
	8							6
				6				4
			8	9		2		
	3	6	5	4		8	1	

Difficulty: ★ ★ ★ ☆ ☆

USA TODAY

97

		6		8	5		2	
	8			4			7	
5	3				6			
		3	4	5		7		
		4		1		8		
		1		3	9	2		
			5				6	7
	1			7			4	
	7		3	6		5		

Difficulty: ★ ★ ★ ☆ ☆

98

Difficulty: ★★★☆☆

99

2		1		8	5		3	
		8		4	3			5
9						4		
			8				4	
		7		3		6		
	8				4			
		2						6
6			1	5		3		
	9		3	6		7		4

Difficulty: ★★★☆☆

100

				2				8
		4		9	3	7	2	1
5			6	8				
	5						9	
	9	2		4		1	5	
	7						8	
				6	8			3
7	3	8	4	5		6		
2				3				

Difficulty: ★ ★ ★ ☆ ☆

101

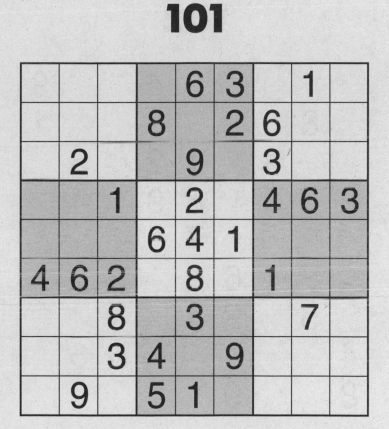

Difficulty: ★ ★ ★ ☆ ☆

USA TODAY

102

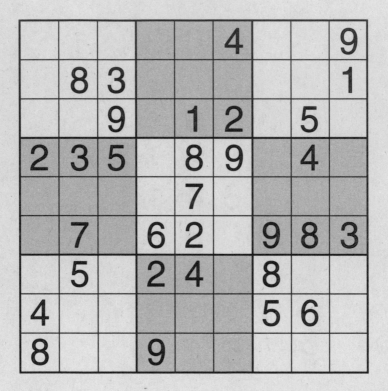

					4			9
	8	3						1
		9		1	2		5	
2	3	5		8	9		4	
				7				
	7		6	2		9	8	3
	5		2	4		8		
4						5	6	
8			9					

Difficulty: ★★★☆☆

103

Difficulty: ★ ★ ★ ☆ ☆

104

	8		6		2	9	3	
				9	1	6		
				8				2
1		7				8		
2			9	6	5			7
		6				2		5
8				4				
		3	8	1				
	9	1	3		7		8	

Difficulty: ★ ★ ★ ☆ ☆

105

Difficulty: ★ ★ ★ ☆ ☆

106

					4		3	
	4	9		3	1			6
		5	6	9	2			
				1		8	5	3
	5			8			9	
8	1	2		5				
			7	4	9	5		
5			3	2		4	1	
	9		1					

Difficulty: ★★★☆☆

107

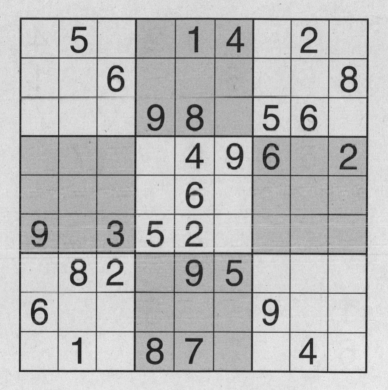

	5			1	4		2	
		6						8
			9	8		5	6	
				4	9	6		2
				6				
9		3	5	2				
	8	2		9	5			
6						9		
	1		8	7			4	

Difficulty: ★ ★ ★ ☆ ☆

108

Difficulty: ★★★☆☆

109

Difficulty: ★ ★ ★ ☆ ☆

110

Difficulty: ★ ★ ★ ☆ ☆

111

112

				2				9
7		2			6	4		
	4	8		3			2	6
3				1	9	6	8	
	1	7	8	6				3
8	3			4		7	6	
		5	6			8		1
4				8				

Difficulty: ★ ★ ★ ☆ ☆

113

Difficulty: ★ ★ ★ ☆ ☆

114

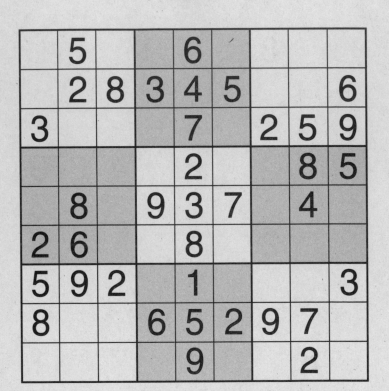

Difficulty: ★ ★ ★ ☆ ☆

115

8				3			7	
		1		7		8		
	3	7	2	5				4
		3	8					
9				6				7
					3	9		
5				8	9	6	3	
		8		2		4		
	2			4				1

Difficulty: ★★★☆☆

116

Difficulty: ★★★☆☆

117

	7		9		5			
				1	8			4
		9					5	7
			2	6		1		5
		7		9		8		
9		6		5	3			
8	9					7		
2			3	7				
			1		6		2	

Difficulty: ★★★☆☆

118

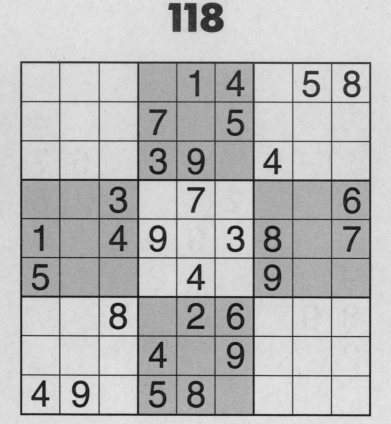

Difficulty: ★★★☆☆

119

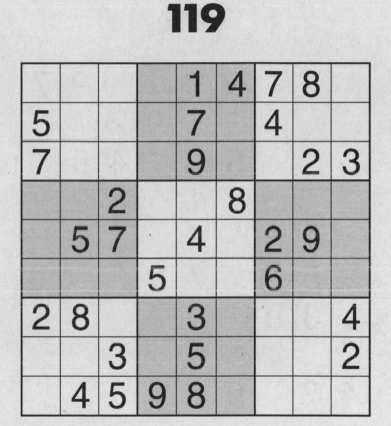

120

			6	8	1		9	7
					9	2		
			5			4	8	
				1		6	2	
	1	6				3	7	
	5	3		7				
	3	9			7			
		4	1					
1	7		9	6	4			

Difficulty: ★★★☆☆

121

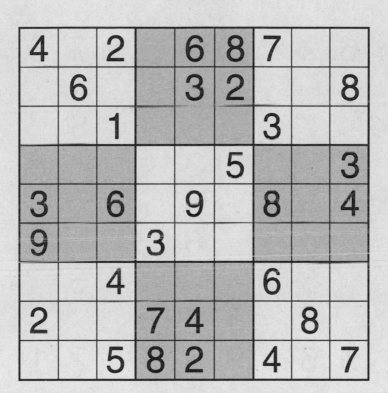

Difficulty: ★ ★ ★ ☆ ☆

122

Difficulty: ★★★☆☆

123

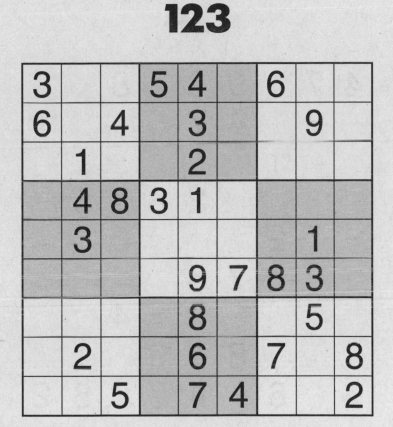

124

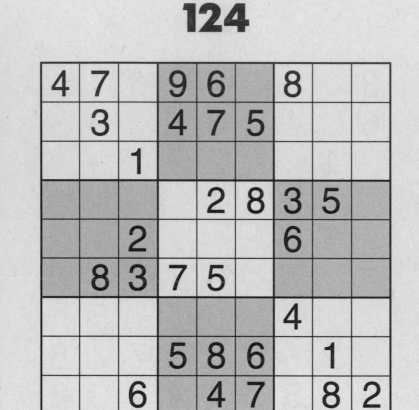

Difficulty: ★★★☆☆

125

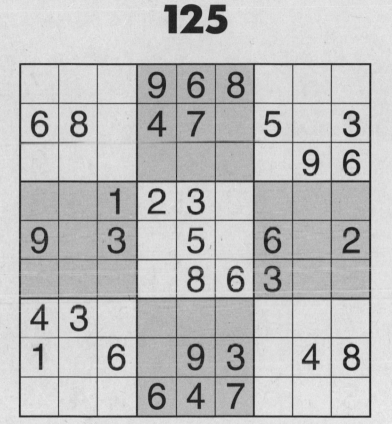

126

	5			2				7
1				4	7		6	
4			5	3				9
	9		2				3	8
5	3				1		2	
7				9	3			1
	1		4	7				6
3				1			4	

Difficulty: ★ ★ ★ ☆ ☆

127

	4				8			
		7	3	5	2			9
6	9	2	1	4				
		9						6
	8			2			3	
2						9		
				1	4	3	6	7
7			2	8	6	4		
			9				1	

Difficulty: ★ ★ ★ ☆ ☆

128

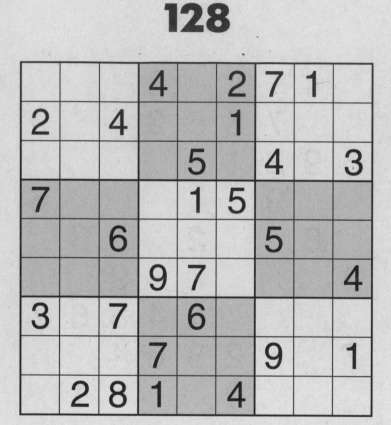

Difficulty: ★ ★ ★ ☆ ☆

129

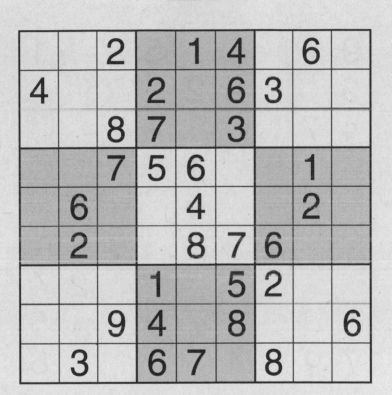

Difficulty: ★ ★ ★ ☆ ☆

130

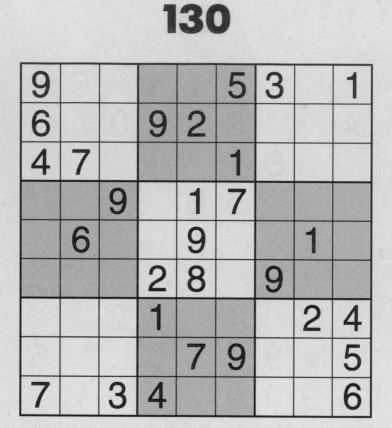

Difficulty: ★★★☆☆

131

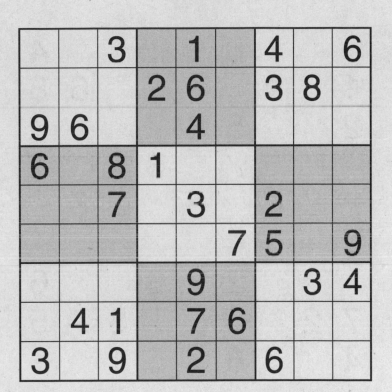

Difficulty: ★★★☆☆

132

		7	8	9	1			4
1		9					6	8
2			5	6	7			
					3	6		
	7	4		8		2	5	
		5	4					
			2	3	8			6
7	2					8		5
4			6	7	5	1		

Difficulty: ★ ★ ★ ☆ ☆

133

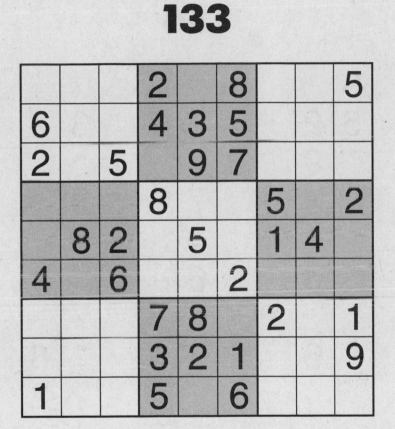

Difficulty: ★ ★ ★ ☆ ☆

134

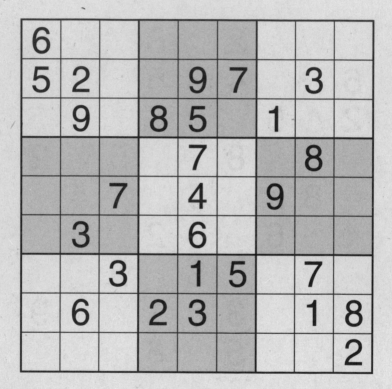

Difficulty: ★★★☆☆

135

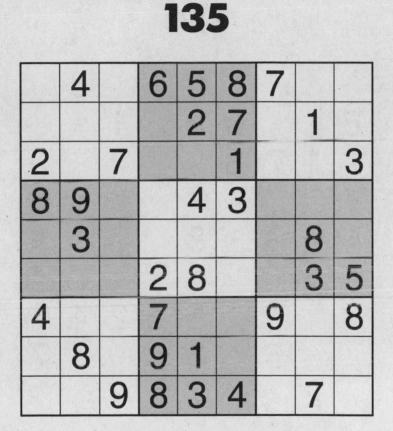

Difficulty: ★★★☆☆

136

				4			8	
8			3	2		1		
	1	7	8	9				3
							5	6
		9		8		7		
1	5							
3				5	8	2	4	
		5		3	4			7
	2			7				

Difficulty: ★★★☆☆

137

				1	2			3
		7		6		5		
4				3			9	8
	3			4	7	2	6	
	7	1	6	2			3	
7	6			8				1
		8		5		3		
2			4	7				

Difficulty: ★ ★ ★ ☆ ☆

138

Difficulty: ★ ★ ★ ☆ ☆

139

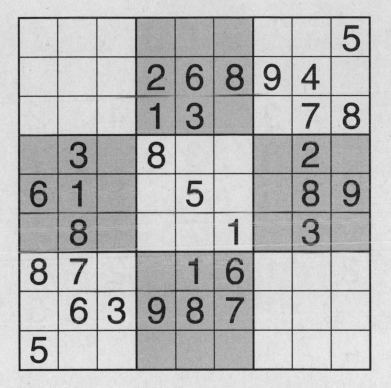

Difficulty: ★ ★ ★ ☆ ☆

140

			2	1	3			7
1			5		9			
		9				4		2
	4	8		3				
		6				3		
				7		1	5	
8		1				2		
			1		4			5
4			3	8	7			

Difficulty: ★★★☆☆

141

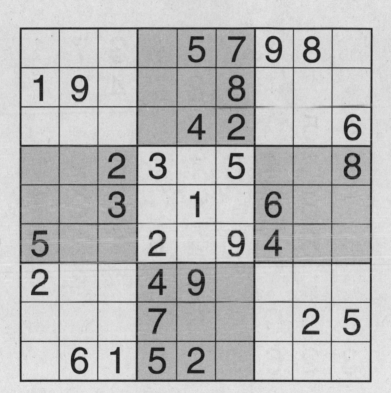

Difficulty: ★ ★ ★ ☆ ☆

142

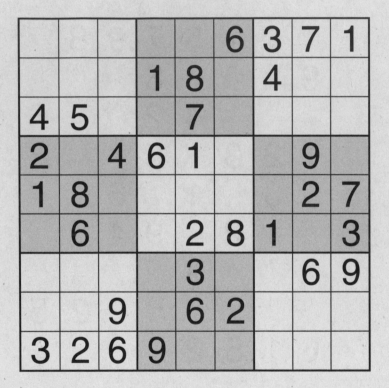

Difficulty: ★★★☆☆

143

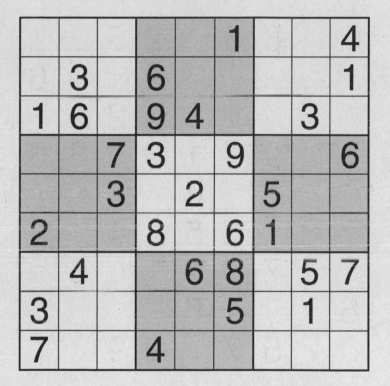

Difficulty: ★★★☆☆

144

		8	6		2	5		
				7	5			6
	7			8		2	9	
		9		1			3	5
				4				
7	3			5		4		
	1	7		9			6	
8			1	6				
		5	7		8	9		

Difficulty: ★ ★ ★ ☆ ☆

145

			2	7	6	4		3
6			9				1	
3						6		9
				2			8	
5			3	1	8			2
	1			5				
7		1						6
	5				3			1
8		3	1	6	2			

Difficulty: ★★★☆☆

146

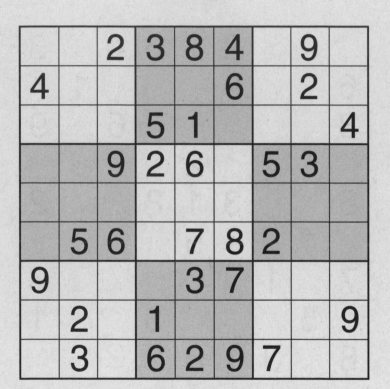

Difficulty: ★★★☆☆

147

		3	6					
	8			3	2	1		
				9		6		
4		2			9	7		
8			5	2	4			1
		6	7			5		4
		8		5				
		5	2	4			9	
					6	2		

Difficulty: ★★★☆☆

148

Difficulty: ★★★☆☆

149

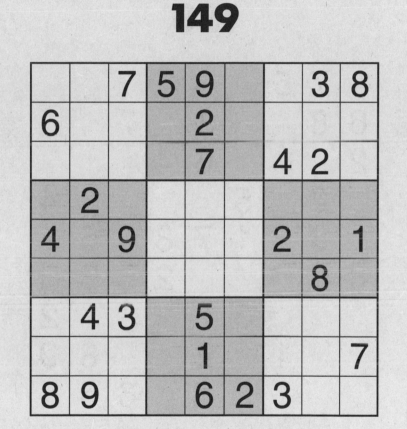

Difficulty: ★★★☆☆

150

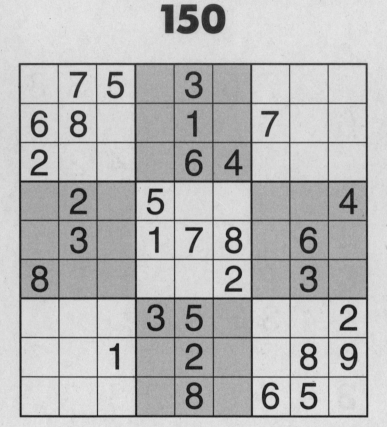

Difficulty: ★ ★ ★ ☆ ☆

151

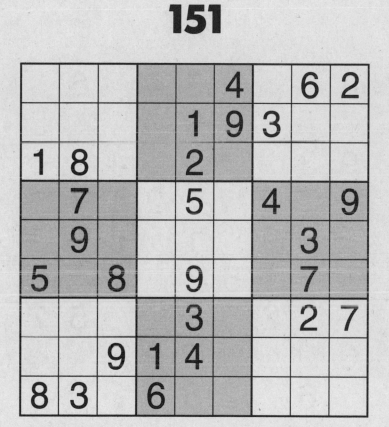

Difficulty: ★★★☆☆

152

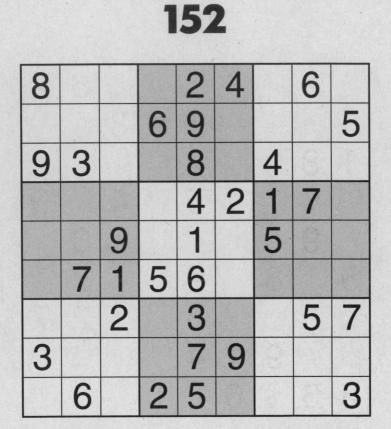

Difficulty: ★★★☆☆

153

154

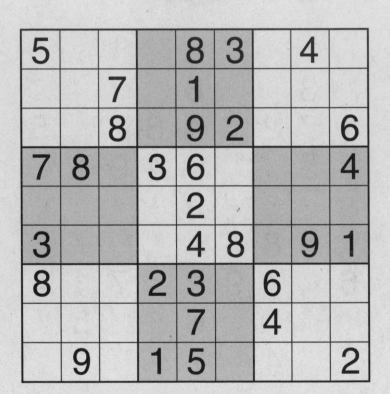

Difficulty: ★★★☆☆

155

156

Difficulty: ★ ★ ★ ☆ ☆

157

Difficulty: ★★★☆☆

158

Difficulty: ★★★☆☆

159

	4				1			2
9	5			3		6		
	3		7	6			5	
7				9				6
	2			4			3	
5				8				7
	1			2	9		6	
		2		1			4	3
3			4				2	

Difficulty: ★ ★ ★ ☆ ☆

160

	4			5	3			
1		9			2			7
	2	3				8	1	
		6		3				
			4		9			
				1		9		
	6	2				4	5	
9			7			1		6
			3	6			2	

Difficulty: ★★★☆☆

161

7	5		2	8	6	3		
				5	1	7		
	3			7	9			8
4				1				7
1			3	2			5	
		6	1	4				
		4	9	6	7		8	3

Difficulty: ★★★☆

USA TODAY

162

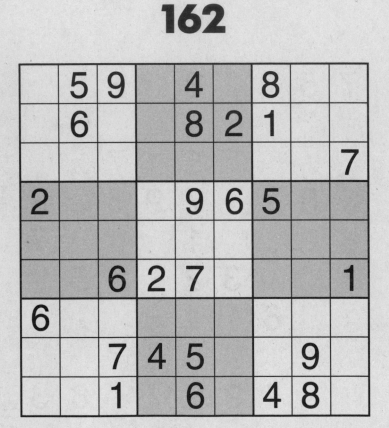

Difficulty: ★★★☆

163

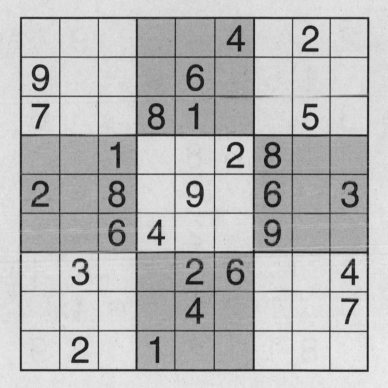

Difficulty: ★★★☆

164

2			4		3		9	
	1	5		9	6			
3								6
	4		6	8				
		7				5		
				2	7		4	
7								4
			2	3		6	1	
	8		1		4			9

Difficulty: ★ ★ ★ ☆

165

	3			8				
		4		1	3		8	2
		7	6		9			
				5	2			9
	2		4	6	1		7	
4			3	9				
			9		6	4		
8	5		1	7		9		
				2			1	

Difficulty: ★ ★ ★ ☆

USA TODAY

166

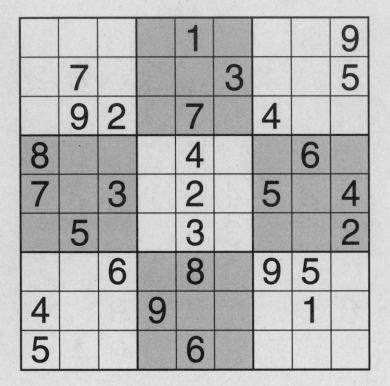

				1				9
	7				3			5
	9	2		7		4		
8				4			6	
7		3		2		5		4
	5			3				2
		6		8		9	5	
4			9				1	
5				6				

Difficulty: ★ ★ ★ ☆

166

167

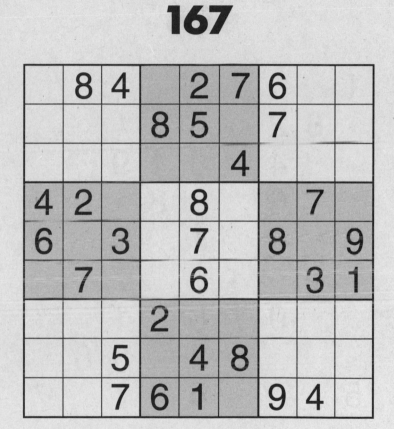

Difficulty: ★★★☆

168

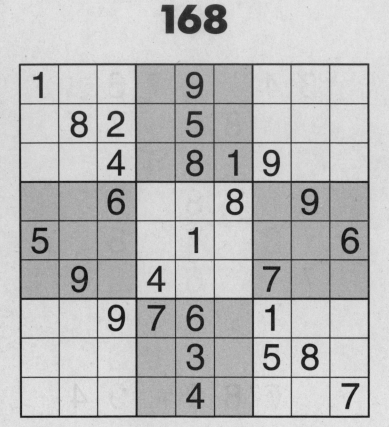

Difficulty: ★ ★ ★ ☆

169

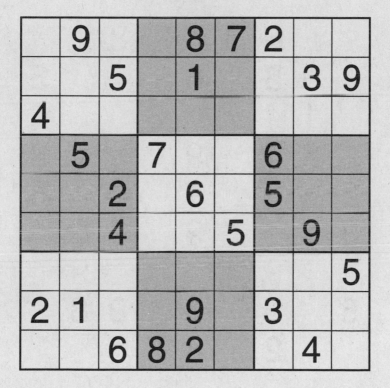

Difficulty: ★ ★ ★ ☆

170

Difficulty: ★★★☆

171

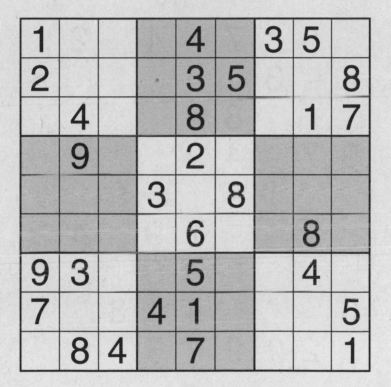

				4		3	5	
1				4		3	5	
2				3	5			8
	4			8			1	7
	9			2				
			3		8			
				6			8	
9	3			5			4	
7			4	1				5
	8	4		7				1

Difficulty: ★★★☆

172

	5		7		4		2	
		3		5				8
			8	9				
9	7		4	2				
		1				9		
				7	9		4	2
				8	5			
6				4		3		
	2		9		7		6	

Difficulty: ★ ★ ★ ☆

173

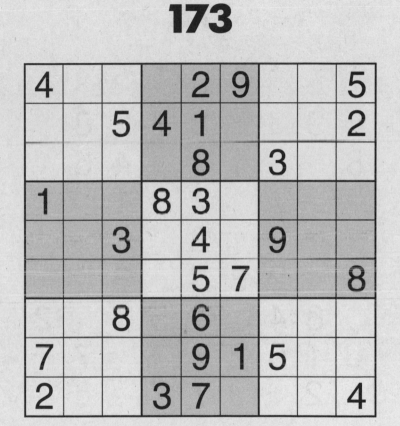

Difficulty: ★ ★ ★ ☆

174

				8				
	9			3	7	2	8	
8			1			4	6	
		7		4	3	1		
				2				
		2	8	5		3		
	8	4			5			2
	1	5	2	6			7	
				7				

Difficulty: ★★★★☆

175

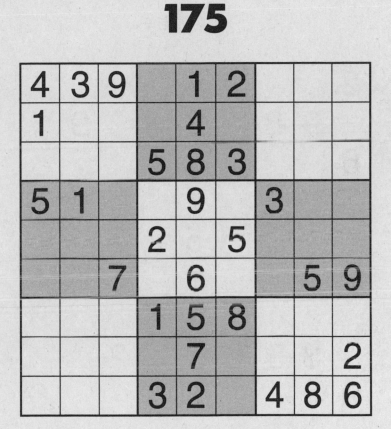

Difficulty: ★ ★ ★ ☆

176

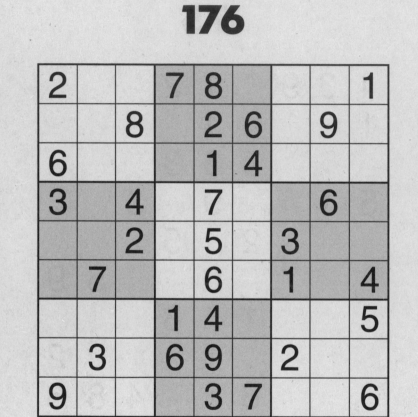

Difficulty: ★★★★☆

177

				9	7			8
				3		4	2	9
	6				1		7	
	2	5		7				
8								3
				8		1	5	
	1		7				3	
6	8	4		1				
3			8	5				

Difficulty: ★★★☆

178

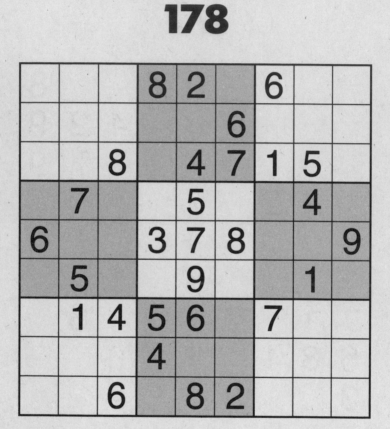

Difficulty: ★ ★ ★ ☆

179

		4	8		1			5
		7		9				3
			4					9
4		8		2			9	
9			5		8			2
	2			4		5		7
6					4			
1				7		6		
7			3		6	9		

Difficulty: ★★★☆

180

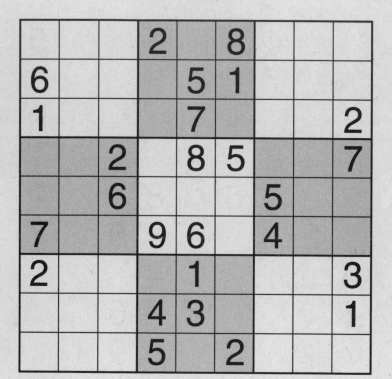

Difficulty: ★ ★ ★ ★ ☆

181

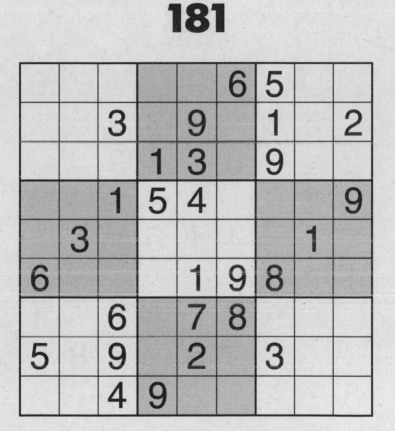

Difficulty: ★ ★ ★ ★ ★

182

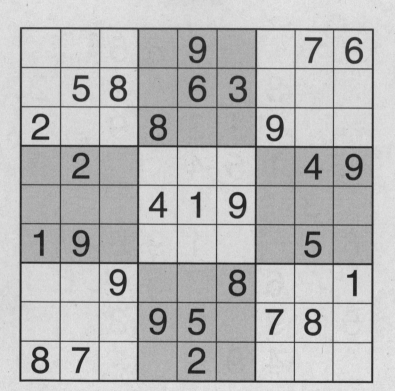

Difficulty: ★★★★★

183

8					7			
		9		3			7	2
7		5		6				
5						3	2	
			4	2	8			
	2	6						4
				8		2		9
4	1			9		7		
			1					8

Difficulty: ★ ★ ★ ★ ★

184

		5		1				
			2	9	8			3
3							1	
4	8			3		7		6
				5				
5		6		8			4	2
	1							9
6			8	7	4			
				6		8		

Difficulty: ★ ★ ★ ★ ★

185

					1		2	7
			5	7		9		
	2	9		4				1
	3			5	7			
		8	1	3	4	5		
			8	2			4	
6				1		4	9	
		4		8	9			
5	9		4					

Difficulty: ★★★★★

186

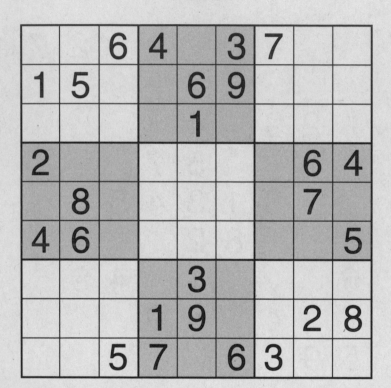

Difficulty: ★ ★ ★ ★ ★

187

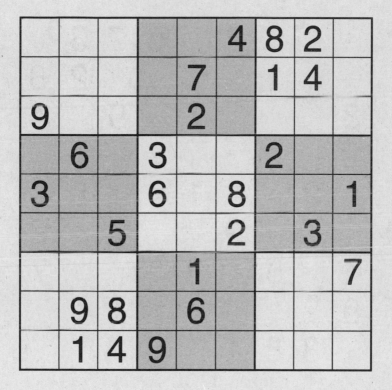

Difficulty: ★ ★ ★ ★ ★

188

			2		5	7	3	
		1					2	8
3				7		9		4
2					7			
	9			1			8	
			9					2
4		5		3				7
9	2					8		
	3	8	1		9			

Difficulty: ★ ★ ★ ★ ★

189

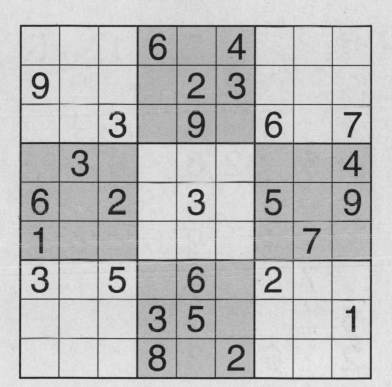

			6		4			
9				2	3			
		3		9		6		7
	3							4
6		2		3		5		9
1							7	
3		5		6		2		
			3	5				1
			8		2			

Difficulty: ★ ★ ★ ★ ★

190

				2		1		5
			3				9	2
				6			4	
	5		2	8		3		
9				1				6
		4		9	6		8	
	7			4				
5	1				9			
2		6		3				

Difficulty: ★ ★ ★ ★ ★

191

Difficulty: ★ ★ ★ ★ ★

192

			1	8				2
	4						1	
		2		4		7	3	
1	2		3	6				
	3			9			4	
				1	7		2	3
	6	1		7		3		
	8						5	
7				3	4			

Difficulty: ★ ★ ★ ★ ★

193

		6	7				8	1
			3					
	2	4		9	6			
				4		6		
5	6		9	2	1		3	4
		3		6				
			7	1		8	9	
					9			
4	7			3		5		

Difficulty: ★★★★★

194

		1	9				5	
				4				
6				5		1	8	
		5		2	7			
7	3						1	9
			4	9		5		
	6	2		1				3
				8				
	7				2	4		

Difficulty: ★ ★ ★ ★ ★

195

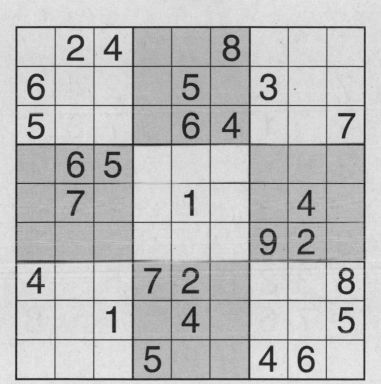

Difficulty: ★ ★ ★ ★ ★

196

				7	2			
7				6		2	4	
		1			5	7	8	
2	8						9	1
				2				
3	1						7	2
	3	8	6			5		
	7	6		5				8
			9	8				

Difficulty: ★ ★ ★ ★ ★

# 197

		7		4	6			
	4		3	7	1	2		
							7	
		6	7	3		4		9
5		2		6	9	3		
	2							
		8	6	1	7		2	
			5	2		1		

Difficulty: ★ ★ ★ ★ ★

198

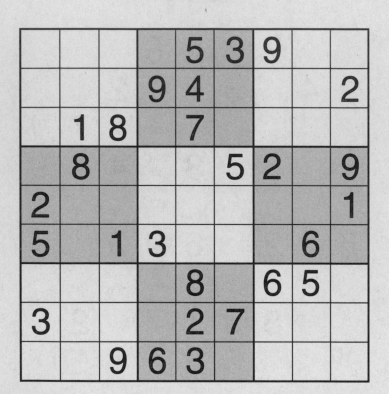

Difficulty: ★ ★ ★ ★ ★

199

	3		8	6				
	1			2			3	
				4			7	6
			6	5			9	7
7								5
1	8			3	7			
9	7			1				
	4			9			6	
				7	8		5	

Difficulty: ★ ★ ★ ★ ★

200

		9		4	1			6
7						8	4	
				3		9		
				2			6	
8		4				5		2
	9			8				
		8		5				
	7	6						4
5			3	6		7		

Difficulty: ★ ★ ★ ★ ★

Solutions

1

1	6	9	8	4	3	5	2	7
7	3	4	2	5	6	8	1	9
5	8	2	7	9	1	4	6	3
2	7	1	3	6	5	9	8	4
8	4	5	1	2	9	3	7	6
3	9	6	4	8	7	2	5	1
4	1	7	5	3	8	6	9	2
6	5	3	9	1	2	7	4	8
9	2	8	6	7	4	1	3	5

2

2	5	9	4	8	7	3	6	1
6	1	7	9	5	3	8	4	2
3	4	8	1	6	2	9	7	5
4	2	1	8	9	5	6	3	7
7	8	3	2	4	6	5	1	9
9	6	5	7	3	1	2	8	4
1	9	6	3	2	4	7	5	8
5	7	2	6	1	8	4	9	3
8	3	4	5	7	9	1	2	6

3

9	4	1	6	2	5	8	7	3
8	2	5	4	3	7	6	9	1
7	3	6	8	9	1	5	4	2
2	7	8	5	4	6	1	3	9
1	5	3	9	7	8	2	6	4
4	6	9	2	1	3	7	8	5
6	1	4	7	5	9	3	2	8
5	9	7	3	8	2	4	1	6
3	8	2	1	6	4	9	5	7

4

4	9	8	6	3	1	2	5	7
5	2	7	4	8	9	1	6	3
1	6	3	5	7	2	8	9	4
2	5	4	7	9	8	3	1	6
8	3	1	2	6	5	7	4	9
9	7	6	1	4	3	5	8	2
7	8	2	9	1	4	6	3	5
3	4	5	8	2	6	9	7	1
6	1	9	3	5	7	4	2	8

5

9	8	4	1	7	6	3	5	2
3	7	1	4	2	5	9	6	8
6	2	5	8	3	9	4	1	7
4	6	2	3	1	8	5	7	9
1	9	7	2	5	4	8	3	6
8	5	3	6	9	7	1	2	4
2	3	8	7	4	1	6	9	5
7	4	9	5	6	3	2	8	1
5	1	6	9	8	2	7	4	3

6

2	9	8	1	5	6	7	4	3
4	3	6	2	7	8	1	5	9
5	7	1	9	4	3	2	8	6
9	6	7	8	3	4	5	2	1
3	4	5	7	1	2	9	6	8
8	1	2	6	9	5	4	3	7
6	8	9	4	2	7	3	1	5
7	2	3	5	8	1	6	9	4
1	5	4	3	6	9	8	7	2

7

3	6	9	7	1	5	8	4	2
7	5	8	2	9	4	3	6	1
2	4	1	3	8	6	5	9	7
1	8	6	4	2	9	7	5	3
9	3	7	6	5	1	2	8	4
5	2	4	8	7	3	6	1	9
8	9	2	1	6	7	4	3	5
6	1	3	5	4	2	9	7	8
4	7	5	9	3	8	1	2	6

8

9	6	2	8	5	1	7	3	4
1	5	3	9	7	4	2	6	8
4	7	8	3	2	6	5	1	9
5	9	7	4	1	3	6	8	2
8	4	1	7	6	2	3	9	5
3	2	6	5	9	8	1	4	7
2	1	5	6	8	9	4	7	3
7	3	9	1	4	5	8	2	6
6	8	4	2	3	7	9	5	1

9

5	3	2	6	8	7	4	9	1
9	8	4	2	3	1	7	5	6
1	6	7	9	4	5	2	8	3
3	7	8	4	6	9	5	1	2
4	2	1	5	7	3	8	6	9
6	5	9	1	2	8	3	4	7
8	1	6	7	5	2	9	3	4
2	9	3	8	1	4	6	7	5
7	4	5	3	9	6	1	2	8

10

3	7	2	4	8	1	9	6	5
1	4	9	3	6	5	2	7	8
6	5	8	9	7	2	4	1	3
4	9	7	8	1	3	5	2	6
2	1	5	6	4	9	3	8	7
8	6	3	2	5	7	1	4	9
5	8	6	1	3	4	7	9	2
7	2	1	5	9	8	6	3	4
9	3	4	7	2	6	8	5	1

11

3	7	2	5	4	9	8	6	1
1	9	5	7	8	6	3	4	2
8	4	6	3	1	2	5	7	9
5	1	9	4	7	8	2	3	6
4	3	7	2	6	5	9	1	8
2	6	8	9	3	1	4	5	7
9	5	3	1	2	7	6	8	4
6	2	1	8	5	4	7	9	3
7	8	4	6	9	3	1	2	5

12

5	9	7	4	2	8	6	1	3
3	2	6	5	9	1	4	7	8
1	8	4	3	7	6	2	9	5
7	6	2	8	1	3	9	5	4
4	1	3	6	5	9	7	8	2
8	5	9	2	4	7	3	6	1
2	3	8	9	6	5	1	4	7
9	7	5	1	3	4	8	2	6
6	4	1	7	8	2	5	3	9

13

2	3	8	6	4	5	9	7	1
1	4	6	9	7	8	5	2	3
7	5	9	3	2	1	4	6	8
4	2	5	7	1	3	6	8	9
8	9	3	5	6	4	2	1	7
6	1	7	2	8	9	3	5	4
5	8	4	1	9	2	7	3	6
9	6	2	8	3	7	1	4	5
3	7	1	4	5	6	8	9	2

14

7	5	2	6	3	1	8	4	9
4	8	3	9	7	2	6	1	5
6	1	9	5	8	4	3	7	2
5	2	6	8	9	7	4	3	1
8	7	1	3	4	5	2	9	6
9	3	4	2	1	6	7	5	8
1	9	7	4	6	8	5	2	3
3	6	5	7	2	9	1	8	4
2	4	8	1	5	3	9	6	7

15

1	6	9	2	3	5	4	8	7
3	5	8	4	1	7	2	9	6
2	7	4	9	6	8	3	1	5
7	1	2	3	5	6	9	4	8
9	4	5	8	2	1	6	7	3
8	3	6	7	9	4	5	2	1
5	9	1	6	8	2	7	3	4
4	8	3	5	7	9	1	6	2
6	2	7	1	4	3	8	5	9

16

8	2	1	9	6	5	4	7	3
3	6	7	4	2	8	5	1	9
5	4	9	1	7	3	2	8	6
6	1	8	5	3	9	7	4	2
9	3	5	2	4	7	1	6	8
2	7	4	8	1	6	3	9	5
7	5	3	6	8	1	9	2	4
4	9	6	7	5	2	8	3	1
1	8	2	3	9	4	6	5	7

17

1	9	8	2	7	3	5	6	4
7	2	5	4	8	6	9	3	1
6	4	3	1	5	9	7	2	8
2	6	1	3	9	8	4	7	5
5	3	9	6	4	7	1	8	2
4	8	7	5	2	1	3	9	6
9	1	4	8	3	2	6	5	7
3	5	2	7	6	4	8	1	9
8	7	6	9	1	5	2	4	3

18

6	7	2	5	1	4	9	8	3
4	9	8	7	3	6	1	5	2
1	5	3	2	9	8	7	4	6
7	8	9	6	5	1	2	3	4
2	3	6	8	4	7	5	9	1
5	1	4	9	2	3	8	6	7
3	6	7	1	8	5	4	2	9
8	2	1	4	6	9	3	7	5
9	4	5	3	7	2	6	1	8

19

9	7	8	1	3	5	2	6	4
5	6	2	9	8	4	1	7	3
4	1	3	7	2	6	8	5	9
8	5	9	2	1	7	4	3	6
3	2	6	4	5	9	7	1	8
7	4	1	3	6	8	9	2	5
1	9	5	8	7	3	6	4	2
6	8	7	5	4	2	3	9	1
2	3	4	6	9	1	5	8	7

20

7	5	4	6	9	2	8	1	3
1	9	2	3	4	8	5	6	7
6	3	8	1	5	7	9	4	2
3	2	6	9	1	5	7	8	4
9	4	7	8	3	6	1	2	5
8	1	5	7	2	4	3	9	6
5	8	3	2	6	9	4	7	1
4	6	9	5	7	1	2	3	8
2	7	1	4	8	3	6	5	9

21

6	8	4	2	1	7	9	3	5
3	7	5	4	6	9	2	1	8
2	1	9	5	8	3	4	7	6
8	9	3	6	5	1	7	2	4
7	6	1	3	2	4	5	8	9
4	5	2	9	7	8	1	6	3
1	2	6	8	4	5	3	9	7
9	4	8	7	3	2	6	5	1
5	3	7	1	9	6	8	4	2

22

9	7	5	8	3	6	1	2	4
1	8	6	7	4	2	3	5	9
3	4	2	9	1	5	7	6	8
4	6	8	5	9	1	2	3	7
5	9	3	6	2	7	4	8	1
2	1	7	3	8	4	5	9	6
8	3	4	2	7	9	6	1	5
6	2	1	4	5	8	9	7	3
7	5	9	1	6	3	8	4	2

23

9	4	7	3	2	6	1	8	5
6	1	2	8	5	7	3	9	4
8	5	3	9	1	4	7	6	2
3	7	5	1	8	2	9	4	6
4	2	8	7	6	9	5	3	1
1	6	9	5	4	3	8	2	7
7	3	4	2	9	1	6	5	8
2	8	1	6	3	5	4	7	9
5	9	6	4	7	8	2	1	3

24

1	8	5	9	3	6	7	2	4
2	6	7	1	4	8	3	9	5
3	4	9	2	7	5	8	6	1
4	1	8	3	6	2	9	5	7
6	5	3	4	9	7	2	1	8
7	9	2	5	8	1	4	3	6
5	3	1	8	2	4	6	7	9
9	7	4	6	1	3	5	8	2
8	2	6	7	5	9	1	4	3

25

5	7	9	4	1	3	2	6	8
6	2	1	5	9	8	3	4	7
3	8	4	7	6	2	1	9	5
7	1	6	8	5	4	9	2	3
2	4	8	3	7	9	6	5	1
9	3	5	6	2	1	7	8	4
1	6	3	2	4	5	8	7	9
4	9	2	1	8	7	5	3	6
8	5	7	9	3	6	4	1	2

26

8	9	6	4	7	1	2	5	3
3	2	5	8	6	9	4	1	7
1	4	7	3	5	2	6	8	9
2	7	1	5	4	3	9	6	8
6	5	8	2	9	7	3	4	1
9	3	4	6	1	8	7	2	5
7	6	3	1	2	5	8	9	4
4	1	9	7	8	6	5	3	2
5	8	2	9	3	4	1	7	6

27

2	4	1	7	5	6	9	3	8
5	9	8	3	1	2	4	6	7
6	3	7	4	8	9	2	1	5
9	5	6	2	3	4	8	7	1
3	1	2	5	7	8	6	4	9
8	7	4	6	9	1	5	2	3
1	6	5	8	4	7	3	9	2
7	2	3	9	6	5	1	8	4
4	8	9	1	2	3	7	5	6

28

5	4	8	1	2	9	3	7	6
6	2	9	3	5	7	4	1	8
1	3	7	6	4	8	2	5	9
9	8	5	2	3	1	6	4	7
2	1	3	4	7	6	8	9	5
4	7	6	9	8	5	1	2	3
8	6	4	7	9	2	5	3	1
7	5	2	8	1	3	9	6	4
3	9	1	5	6	4	7	8	2

29

2	6	9	8	3	7	5	1	4
8	1	3	2	4	5	6	9	7
7	5	4	1	6	9	3	2	8
4	8	1	7	2	6	9	3	5
6	3	2	5	9	8	4	7	1
5	9	7	3	1	4	2	8	6
1	2	5	6	8	3	7	4	9
3	4	6	9	7	1	8	5	2
9	7	8	4	5	2	1	6	3

30

2	3	9	4	7	8	1	6	5
5	6	4	3	2	1	7	9	8
1	8	7	6	9	5	4	3	2
4	9	1	2	6	7	8	5	3
3	2	5	1	8	9	6	4	7
8	7	6	5	4	3	9	2	1
7	1	2	9	3	6	5	8	4
6	5	3	8	1	4	2	7	9
9	4	8	7	5	2	3	1	6

31

4	7	9	2	5	1	8	3	6
5	8	2	4	3	6	9	7	1
6	1	3	7	8	9	5	2	4
7	2	1	9	4	8	6	5	3
9	6	5	3	1	2	7	4	8
8	3	4	6	7	5	2	1	9
3	5	8	1	9	7	4	6	2
2	4	7	8	6	3	1	9	5
1	9	6	5	2	4	3	8	7

32

7	5	9	1	4	2	8	6	3
4	8	2	6	5	3	1	7	9
1	3	6	8	7	9	2	5	4
8	7	5	2	9	1	4	3	6
9	2	1	4	3	6	5	8	7
6	4	3	7	8	5	9	2	1
5	6	8	3	1	4	7	9	2
3	9	4	5	2	7	6	1	8
2	1	7	9	6	8	3	4	5

33

8	1	2	9	6	7	5	3	4
5	7	9	1	4	3	2	6	8
4	3	6	2	8	5	7	9	1
9	5	4	8	7	6	1	2	3
2	6	7	5	3	1	4	8	9
1	8	3	4	9	2	6	5	7
7	9	1	6	5	8	3	4	2
3	4	5	7	2	9	8	1	6
6	2	8	3	1	4	9	7	5

34

5	9	7	1	4	8	3	2	6
8	3	2	7	5	6	9	1	4
6	4	1	3	2	9	5	8	7
7	6	3	8	1	5	2	4	9
1	5	9	2	7	4	6	3	8
2	8	4	9	6	3	7	5	1
9	2	5	4	8	7	1	6	3
3	1	8	6	9	2	4	7	5
4	7	6	5	3	1	8	9	2

35

2	3	5	9	1	6	8	4	7
6	1	4	8	7	2	9	3	5
9	8	7	3	4	5	2	1	6
1	2	8	6	9	3	7	5	4
7	4	3	1	5	8	6	2	9
5	6	9	4	2	7	1	8	3
3	9	2	7	8	4	5	6	1
4	5	1	2	6	9	3	7	8
8	7	6	5	3	1	4	9	2

36

2	1	8	9	7	4	6	5	3
4	6	7	2	5	3	1	9	8
5	9	3	1	6	8	4	7	2
8	4	5	7	9	6	3	2	1
7	3	6	4	1	2	9	8	5
1	2	9	8	3	5	7	6	4
6	7	4	5	2	1	8	3	9
9	5	1	3	8	7	2	4	6
3	8	2	6	4	9	5	1	7

37

6	3	5	7	8	4	9	2	1
7	4	9	6	1	2	5	3	8
1	2	8	5	9	3	7	6	4
5	8	7	2	4	6	1	9	3
2	6	1	3	7	9	8	4	5
4	9	3	8	5	1	2	7	6
9	7	4	1	3	8	6	5	2
3	1	2	9	6	5	4	8	7
8	5	6	4	2	7	3	1	9

38

1	8	2	4	6	3	7	9	5
9	4	7	2	5	1	6	3	8
6	3	5	7	8	9	1	4	2
5	1	9	6	7	8	4	2	3
8	6	4	9	3	2	5	1	7
7	2	3	5	1	4	9	8	6
4	7	8	3	9	5	2	6	1
2	5	1	8	4	6	3	7	9
3	9	6	1	2	7	8	5	4

39

9	3	4	8	6	5	1	7	2
2	8	6	9	1	7	3	5	4
7	1	5	4	2	3	8	6	9
4	7	9	1	3	6	2	8	5
8	6	3	5	4	2	7	9	1
5	2	1	7	9	8	4	3	6
6	4	2	3	7	9	5	1	8
3	9	8	2	5	1	6	4	7
1	5	7	6	8	4	9	2	3

40

1	2	8	5	3	9	4	6	7
4	6	3	8	1	7	9	2	5
7	9	5	2	4	6	1	8	3
3	4	6	7	2	5	8	9	1
8	7	1	3	9	4	6	5	2
9	5	2	6	8	1	7	3	4
5	8	7	4	6	2	3	1	9
2	3	9	1	7	8	5	4	6
6	1	4	9	5	3	2	7	8

41

2	9	6	7	3	8	1	5	4
3	4	7	5	9	1	2	8	6
8	1	5	2	6	4	3	9	7
1	8	3	6	7	5	9	4	2
9	7	4	3	1	2	5	6	8
6	5	2	4	8	9	7	1	3
7	6	1	8	5	3	4	2	9
4	3	9	1	2	6	8	7	5
5	2	8	9	4	7	6	3	1

42

2	1	9	4	5	3	6	7	8
4	3	6	1	7	8	5	9	2
8	7	5	6	9	2	1	3	4
3	5	7	9	2	1	4	8	6
6	8	4	7	3	5	9	2	1
9	2	1	8	4	6	3	5	7
5	6	8	2	1	9	7	4	3
1	4	3	5	8	7	2	6	9
7	9	2	3	6	4	8	1	5

43

6	9	7	8	5	4	3	2	1
5	1	3	7	2	9	6	8	4
2	8	4	1	3	6	5	9	7
4	3	8	5	1	2	7	6	9
1	5	6	3	9	7	8	4	2
9	7	2	6	4	8	1	5	3
3	2	5	9	6	1	4	7	8
8	6	9	4	7	3	2	1	5
7	4	1	2	8	5	9	3	6

44

9	6	2	3	8	7	4	5	1
5	7	4	9	1	2	8	6	3
3	1	8	6	4	5	7	9	2
4	5	7	2	9	1	3	8	6
2	8	3	7	6	4	5	1	9
6	9	1	8	5	3	2	4	7
8	2	6	4	3	9	1	7	5
1	3	9	5	7	8	6	2	4
7	4	5	1	2	6	9	3	8

45

6	3	4	2	7	8	1	5	9
5	2	7	3	9	1	8	6	4
9	1	8	5	6	4	2	3	7
1	4	6	9	2	7	3	8	5
2	8	3	1	4	5	9	7	6
7	9	5	8	3	6	4	1	2
4	6	1	7	8	2	5	9	3
3	5	2	6	1	9	7	4	8
8	7	9	4	5	3	6	2	1

46

2	9	1	7	8	4	5	6	3
5	8	3	2	6	9	1	7	4
4	6	7	1	5	3	9	8	2
1	2	6	3	7	8	4	5	9
9	4	8	5	2	6	3	1	7
3	7	5	4	9	1	6	2	8
7	1	9	6	3	2	8	4	5
6	3	2	8	4	5	7	9	1
8	5	4	9	1	7	2	3	6

47

9	6	8	5	2	4	1	3	7
1	2	5	6	7	3	4	9	8
7	4	3	8	9	1	6	2	5
2	7	6	3	5	8	9	4	1
3	9	1	4	6	7	5	8	2
5	8	4	2	1	9	3	7	6
6	1	7	9	4	2	8	5	3
4	3	2	1	8	5	7	6	9
8	5	9	7	3	6	2	1	4

48

1	7	5	9	4	3	8	6	2
6	9	2	8	1	5	3	7	4
4	8	3	2	6	7	5	9	1
5	4	9	1	7	2	6	3	8
7	1	6	4	3	8	2	5	9
2	3	8	6	5	9	4	1	7
8	5	1	3	9	4	7	2	6
3	6	4	7	2	1	9	8	5
9	2	7	5	8	6	1	4	3

49

3	2	6	4	5	9	1	7	8
1	8	7	3	6	2	5	9	4
5	9	4	8	1	7	3	6	2
9	1	2	5	4	6	7	8	3
7	6	3	9	2	8	4	1	5
4	5	8	7	3	1	9	2	6
2	7	5	1	8	4	6	3	9
8	3	1	6	9	5	2	4	7
6	4	9	2	7	3	8	5	1

50

1	3	7	6	2	9	5	4	8
5	2	6	3	8	4	7	9	1
8	4	9	5	7	1	6	3	2
3	9	1	8	6	5	4	2	7
2	5	8	1	4	7	9	6	3
6	7	4	9	3	2	8	1	5
7	6	2	4	5	3	1	8	9
9	8	5	2	1	6	3	7	4
4	1	3	7	9	8	2	5	6

51

8	9	2	5	6	4	3	7	1
6	3	5	9	7	1	8	4	2
7	1	4	2	8	3	9	5	6
5	8	3	7	2	6	1	9	4
1	6	7	8	4	9	2	3	5
2	4	9	3	1	5	6	8	7
3	7	1	6	5	8	4	2	9
9	2	6	4	3	7	5	1	8
4	5	8	1	9	2	7	6	3

52

7	3	1	2	9	5	8	4	6
4	5	2	3	8	6	1	9	7
9	6	8	1	7	4	2	3	5
6	7	4	9	5	8	3	1	2
1	8	3	7	6	2	4	5	9
5	2	9	4	3	1	7	6	8
3	9	5	8	4	7	6	2	1
2	4	7	6	1	9	5	8	3
8	1	6	5	2	3	9	7	4

53

3	5	7	8	9	1	2	4	6
9	4	8	6	5	2	7	1	3
6	2	1	7	4	3	8	9	5
7	9	5	4	3	6	1	8	2
1	8	6	2	7	9	3	5	4
2	3	4	5	1	8	6	7	9
5	6	2	9	8	7	4	3	1
8	1	9	3	6	4	5	2	7
4	7	3	1	2	5	9	6	8

54

1	2	5	8	9	6	3	4	7
9	3	7	2	5	4	6	8	1
6	4	8	3	7	1	2	5	9
7	1	4	6	8	3	9	2	5
3	6	9	4	2	5	1	7	8
8	5	2	7	1	9	4	6	3
4	8	3	9	6	7	5	1	2
5	7	6	1	3	2	8	9	4
2	9	1	5	4	8	7	3	6

55

5	1	9	3	7	4	6	2	8
7	3	6	2	1	8	5	9	4
2	4	8	6	5	9	3	7	1
4	2	1	7	6	5	8	3	9
9	8	3	4	2	1	7	6	5
6	7	5	8	9	3	4	1	2
8	6	4	9	3	2	1	5	7
1	9	7	5	4	6	2	8	3
3	5	2	1	8	7	9	4	6

56

3	1	2	8	4	5	7	9	6
6	7	5	9	3	2	8	4	1
8	9	4	6	7	1	3	5	2
7	2	8	1	9	4	5	6	3
9	5	1	3	2	6	4	8	7
4	6	3	7	5	8	2	1	9
2	4	7	5	1	9	6	3	8
1	3	6	4	8	7	9	2	5
5	8	9	2	6	3	1	7	4

57

9	6	5	7	1	3	8	4	2
3	2	7	5	4	8	1	6	9
4	8	1	6	2	9	7	3	5
8	3	2	1	5	7	4	9	6
5	1	4	8	9	6	3	2	7
6	7	9	4	3	2	5	1	8
1	5	8	2	6	4	9	7	3
7	9	6	3	8	1	2	5	4
2	4	3	9	7	5	6	8	1

58

9	7	4	5	6	3	8	1	2
6	1	2	8	9	4	3	7	5
8	3	5	1	7	2	6	4	9
4	2	3	9	5	6	7	8	1
1	6	8	4	2	7	9	5	3
7	5	9	3	1	8	4	2	6
2	8	1	7	3	9	5	6	4
5	9	7	6	4	1	2	3	8
3	4	6	2	8	5	1	9	7

59

3	8	6	4	2	5	9	7	1
5	4	1	6	7	9	8	3	2
2	7	9	1	8	3	4	5	6
8	3	7	2	4	1	5	6	9
6	1	5	8	9	7	2	4	3
9	2	4	3	5	6	1	8	7
1	6	2	5	3	4	7	9	8
7	5	8	9	6	2	3	1	4
4	9	3	7	1	8	6	2	5

60

8	3	4	7	5	2	6	1	9
2	9	7	3	6	1	5	4	8
6	1	5	9	4	8	3	2	7
5	6	8	2	7	4	9	3	1
9	4	2	6	1	3	8	7	5
3	7	1	5	8	9	2	6	4
7	8	9	4	2	6	1	5	3
1	5	6	8	3	7	4	9	2
4	2	3	1	9	5	7	8	6

61

5	8	4	9	6	2	1	7	3
7	9	1	3	5	8	2	6	4
2	6	3	4	1	7	5	8	9
3	7	2	1	9	6	8	4	5
4	5	6	7	8	3	9	1	2
9	1	8	2	4	5	7	3	6
6	4	9	8	2	1	3	5	7
8	3	5	6	7	9	4	2	1
1	2	7	5	3	4	6	9	8

62

4	3	1	7	9	8	6	5	2
5	8	6	4	1	2	9	7	3
7	2	9	5	6	3	8	1	4
9	5	2	6	4	7	3	8	1
3	4	8	9	2	1	5	6	7
1	6	7	3	8	5	4	2	9
2	7	4	8	5	9	1	3	6
8	9	3	1	7	6	2	4	5
6	1	5	2	3	4	7	9	8

63

3	2	1	7	8	9	4	6	5
4	7	8	5	2	6	1	3	9
6	9	5	3	1	4	8	2	7
8	1	6	2	9	5	7	4	3
2	5	7	4	3	1	9	8	6
9	3	4	8	6	7	5	1	2
5	4	3	6	7	8	2	9	1
1	8	2	9	5	3	6	7	4
7	6	9	1	4	2	3	5	8

64

5	7	4	3	8	9	2	6	1
3	1	9	7	6	2	4	5	8
6	2	8	1	4	5	9	7	3
9	6	1	5	2	3	8	4	7
7	5	2	4	9	8	1	3	6
4	8	3	6	1	7	5	9	2
1	4	7	8	5	6	3	2	9
2	3	5	9	7	1	6	8	4
8	9	6	2	3	4	7	1	5

65

2	8	4	6	1	3	5	9	7
3	1	5	7	9	8	4	2	6
7	6	9	5	2	4	8	3	1
8	7	2	1	6	5	9	4	3
9	3	1	8	4	2	6	7	5
5	4	6	3	7	9	2	1	8
4	5	8	9	3	1	7	6	2
6	2	3	4	8	7	1	5	9
1	9	7	2	5	6	3	8	4

66

1	8	6	2	7	5	3	9	4
3	5	4	1	9	6	7	8	2
9	2	7	3	4	8	5	6	1
5	6	9	4	2	1	8	7	3
2	7	3	5	8	9	1	4	6
8	4	1	7	6	3	2	5	9
4	1	2	9	5	7	6	3	8
6	9	5	8	3	2	4	1	7
7	3	8	6	1	4	9	2	5

67

9	4	7	6	3	5	1	2	8
8	6	3	7	1	2	5	4	9
1	5	2	9	4	8	6	7	3
4	8	1	2	7	3	9	6	5
5	3	9	1	6	4	7	8	2
2	7	6	5	8	9	3	1	4
3	1	8	4	9	7	2	5	6
6	2	4	3	5	1	8	9	7
7	9	5	8	2	6	4	3	1

68

9	5	3	2	4	6	7	8	1
6	7	2	9	1	8	3	5	4
4	1	8	7	3	5	2	6	9
5	2	6	1	8	7	9	4	3
7	8	1	4	9	3	5	2	6
3	9	4	6	5	2	8	1	7
8	3	9	5	6	1	4	7	2
2	6	5	3	7	4	1	9	8
1	4	7	8	2	9	6	3	5

69

9	4	6	8	7	5	1	2	3
8	3	7	9	1	2	4	6	5
1	2	5	3	4	6	8	9	7
7	6	3	2	9	4	5	1	8
5	9	1	6	3	8	7	4	2
4	8	2	1	5	7	9	3	6
6	1	9	7	8	3	2	5	4
2	5	8	4	6	9	3	7	1
3	7	4	5	2	1	6	8	9

70

1	3	5	6	4	2	8	9	7
8	6	2	3	7	9	1	4	5
9	4	7	5	1	8	2	3	6
4	2	1	9	5	3	6	7	8
5	7	6	4	8	1	9	2	3
3	9	8	7	2	6	5	1	4
7	8	9	2	6	4	3	5	1
6	5	3	1	9	7	4	8	2
2	1	4	8	3	5	7	6	9

71

1	4	6	7	2	3	8	9	5
5	3	8	9	4	6	1	2	7
2	9	7	8	5	1	6	4	3
7	5	3	1	9	4	2	6	8
4	1	2	5	6	8	3	7	9
8	6	9	2	3	7	4	5	1
6	7	1	4	8	9	5	3	2
3	8	5	6	7	2	9	1	4
9	2	4	3	1	5	7	8	6

72

2	8	4	5	7	9	3	6	1
5	3	9	4	1	6	7	8	2
6	7	1	2	8	3	5	4	9
9	6	7	1	4	2	8	3	5
3	1	5	9	6	8	2	7	4
4	2	8	7	3	5	9	1	6
7	5	3	6	9	1	4	2	8
1	4	2	8	5	7	6	9	3
8	9	6	3	2	4	1	5	7

73

2	8	3	5	6	9	4	1	7
7	9	1	8	2	4	5	3	6
4	6	5	1	7	3	9	2	8
1	4	9	3	5	6	7	8	2
8	5	6	7	1	2	3	9	4
3	2	7	4	9	8	1	6	5
5	7	8	2	3	1	6	4	9
9	1	4	6	8	7	2	5	3
6	3	2	9	4	5	8	7	1

74

4	7	2	8	1	5	3	6	9
6	3	5	7	4	9	8	2	1
9	1	8	2	3	6	7	5	4
3	9	6	4	2	1	5	7	8
8	2	7	9	5	3	1	4	6
1	5	4	6	7	8	2	9	3
7	8	1	5	6	4	9	3	2
2	6	9	3	8	7	4	1	5
5	4	3	1	9	2	6	8	7

75

8	2	4	7	6	5	1	9	3
6	9	5	8	3	1	2	7	4
7	3	1	4	2	9	8	5	6
1	6	3	9	8	2	5	4	7
5	7	9	6	1	4	3	8	2
4	8	2	3	5	7	6	1	9
2	5	7	1	4	3	9	6	8
9	1	6	2	7	8	4	3	5
3	4	8	5	9	6	7	2	1

76

6	1	2	3	4	8	9	7	5
4	8	9	5	7	2	3	1	6
7	3	5	1	9	6	8	4	2
9	5	1	2	6	4	7	3	8
8	6	4	9	3	7	2	5	1
3	2	7	8	5	1	4	6	9
5	4	6	7	8	9	1	2	3
1	9	3	4	2	5	6	8	7
2	7	8	6	1	3	5	9	4

77

5	7	2	8	9	6	4	3	1
8	4	3	5	1	7	6	9	2
1	9	6	2	4	3	5	8	7
4	2	9	3	8	5	7	1	6
7	3	5	1	6	2	9	4	8
6	1	8	9	7	4	2	5	3
3	5	4	7	2	1	8	6	9
9	6	7	4	3	8	1	2	5
2	8	1	6	5	9	3	7	4

78

7	4	5	9	3	2	1	8	6
8	6	9	4	1	7	2	5	3
1	2	3	8	6	5	4	7	9
5	9	7	2	8	6	3	4	1
2	1	8	5	4	3	6	9	7
6	3	4	7	9	1	5	2	8
3	7	2	1	5	8	9	6	4
9	5	1	6	7	4	8	3	2
4	8	6	3	2	9	7	1	5

79

```
1 4 7 8 6 5 3 2 9
9 6 3 4 1 2 5 7 8
5 8 2 3 7 9 6 4 1
2 1 9 5 8 6 4 3 7
7 3 8 2 4 1 9 6 5
6 5 4 7 9 3 1 8 2
3 9 1 6 2 7 8 5 4
4 7 6 1 5 8 2 9 3
8 2 5 9 3 4 7 1 6
```

80

```
9 6 5 2 8 7 3 4 1
3 2 7 9 4 1 8 5 6
8 4 1 5 3 6 2 7 9
1 8 2 7 5 3 9 6 4
6 9 4 8 1 2 7 3 5
5 7 3 4 6 9 1 2 8
2 5 9 6 7 8 4 1 3
7 1 6 3 9 4 5 8 2
4 3 8 1 2 5 6 9 7
```

81

```
9 1 5 2 4 8 7 3 6
6 3 7 5 1 9 8 2 4
4 8 2 3 6 7 9 5 1
8 6 9 7 2 5 1 4 3
5 2 4 9 3 1 6 7 8
1 7 3 6 8 4 5 9 2
2 5 8 1 9 3 4 6 7
7 4 6 8 5 2 3 1 9
3 9 1 4 7 6 2 8 5
```

82

```
8 5 7 6 3 9 2 4 1
3 9 2 5 4 1 8 6 7
4 6 1 8 2 7 9 5 3
7 3 6 4 8 5 1 9 2
1 4 8 2 9 6 7 3 5
5 2 9 1 7 3 6 8 4
6 8 5 7 1 4 3 2 9
2 7 3 9 5 8 4 1 6
9 1 4 3 6 2 5 7 8
```

83

```
2 3 1 7 6 9 5 8 4
6 9 7 4 8 5 2 3 1
8 5 4 1 2 3 7 6 9
7 8 9 3 1 2 4 5 6
3 1 6 8 5 4 9 2 7
5 4 2 6 9 7 8 1 3
1 6 5 9 4 8 3 7 2
4 7 8 2 3 1 6 9 5
9 2 3 5 7 6 1 4 8
```

84

```
6 4 2 5 9 1 7 8 3
5 8 9 2 7 3 1 6 4
1 7 3 8 4 6 9 2 5
8 5 6 1 3 4 2 7 9
2 9 4 7 6 5 8 3 1
3 1 7 9 8 2 5 4 6
9 6 8 4 1 7 3 5 2
7 3 5 6 2 9 4 1 8
4 2 1 3 5 8 6 9 7
```

85

```
7 4 8 3 5 9 2 6 1
5 2 1 7 4 6 3 9 8
3 6 9 1 8 2 4 5 7
2 8 7 4 6 1 5 3 9
1 5 3 9 2 8 6 7 4
6 9 4 5 7 3 1 8 2
8 3 2 6 1 7 9 4 5
9 1 5 8 3 4 7 2 6
4 7 6 2 9 5 8 1 3
```

86

```
1 2 8 5 9 3 4 6 7
7 4 5 6 2 8 3 1 9
6 9 3 7 1 4 8 5 2
9 8 2 4 5 1 7 3 6
4 5 6 9 3 7 2 8 1
3 7 1 8 6 2 5 9 4
8 6 7 3 4 9 1 2 5
2 3 9 1 7 5 6 4 8
5 1 4 2 8 6 9 7 3
```

87

2	6	7	8	4	5	1	3	9
1	9	5	7	6	3	4	2	8
8	3	4	2	1	9	7	5	6
6	2	1	3	8	4	5	9	7
3	4	8	5	9	7	2	6	1
5	7	9	1	2	6	8	4	3
7	5	6	4	3	8	9	1	2
9	8	2	6	5	1	3	7	4
4	1	3	9	7	2	6	8	5

88

3	7	2	6	8	1	4	5	9
9	5	8	2	4	3	1	6	7
1	4	6	9	5	7	3	8	2
4	3	7	8	9	2	6	1	5
5	6	9	7	1	4	2	3	8
2	8	1	3	6	5	9	7	4
8	2	3	1	7	9	5	4	6
6	9	4	5	3	8	7	2	1
7	1	5	4	2	6	8	9	3

89

9	5	7	4	3	6	2	1	8
6	4	2	1	9	8	7	3	5
3	8	1	5	2	7	4	6	9
8	2	3	7	6	9	5	4	1
1	7	9	8	5	4	6	2	3
5	6	4	3	1	2	8	9	7
7	3	6	2	8	1	9	5	4
2	1	8	9	4	5	3	7	6
4	9	5	6	7	3	1	8	2

90

2	8	9	3	1	6	5	7	4
6	3	1	7	5	4	9	8	2
7	4	5	2	9	8	3	6	1
8	5	6	1	4	3	7	2	9
3	1	4	9	2	7	8	5	6
9	7	2	6	8	5	4	1	3
1	2	8	4	7	9	6	3	5
4	6	7	5	3	2	1	9	8
5	9	3	8	6	1	2	4	7

91

5	1	8	2	7	9	4	6	3
4	6	2	3	8	5	1	9	7
3	9	7	1	6	4	8	5	2
9	8	4	6	5	2	3	7	1
6	5	3	4	1	7	9	2	8
7	2	1	9	3	8	6	4	5
2	7	6	8	9	1	5	3	4
8	4	9	5	2	3	7	1	6
1	3	5	7	4	6	2	8	9

92

8	2	9	1	3	4	6	5	7
4	3	6	8	7	5	2	9	1
5	1	7	9	2	6	3	8	4
1	4	2	6	8	7	5	3	9
3	7	8	5	1	9	4	6	2
9	6	5	2	4	3	1	7	8
7	9	3	4	6	2	8	1	5
2	5	1	3	9	8	7	4	6
6	8	4	7	5	1	9	2	3

93

7	9	6	1	8	3	2	4	5
2	4	5	6	7	9	1	8	3
1	8	3	4	5	2	6	7	9
6	2	8	7	1	5	9	3	4
5	3	9	2	6	4	7	1	8
4	7	1	3	9	8	5	2	6
3	1	4	9	2	6	8	5	7
8	6	7	5	4	1	3	9	2
9	5	2	8	3	7	4	6	1

94

1	3	7	4	8	6	9	2	5
2	5	8	1	7	9	3	6	4
6	9	4	5	3	2	7	8	1
9	2	5	8	4	7	6	1	3
4	6	3	9	1	5	2	7	8
7	8	1	2	6	3	4	5	9
8	1	9	6	2	4	5	3	7
5	7	6	3	9	1	8	4	2
3	4	2	7	5	8	1	9	6

95

6	9	5	8	7	2	3	1	4
4	8	3	5	9	1	7	6	2
2	7	1	6	3	4	5	9	8
8	6	9	4	1	3	2	5	7
3	4	2	9	5	7	6	8	1
1	5	7	2	6	8	9	4	3
5	3	4	7	8	6	1	2	9
7	2	6	1	4	9	8	3	5
9	1	8	3	2	5	4	7	6

96

7	2	4	6	8	5	1	9	3
8	1	5	9	3	2	6	4	7
6	9	3	7	1	4	5	8	2
5	4	9	1	2	6	3	7	8
3	6	7	4	5	8	9	2	1
1	8	2	3	7	9	4	5	6
9	5	8	2	6	1	7	3	4
4	7	1	8	9	3	2	6	5
2	3	6	5	4	7	8	1	9

97

9	4	6	7	8	5	3	2	1
1	8	2	9	4	3	6	7	5
5	3	7	1	2	6	4	9	8
8	9	3	4	5	2	7	1	6
2	5	4	6	1	7	8	3	9
7	6	1	8	3	9	2	5	4
3	2	8	5	9	4	1	6	7
6	1	5	2	7	8	9	4	3
4	7	9	3	6	1	5	8	2

98

6	7	3	9	4	2	8	1	5
5	2	4	6	8	1	7	9	3
8	1	9	5	7	3	6	4	2
2	9	8	1	6	4	5	3	7
7	5	6	2	3	9	4	8	1
4	3	1	8	5	7	2	6	9
3	6	5	7	9	8	1	2	4
9	8	2	4	1	5	3	7	6
1	4	7	3	2	6	9	5	8

99

2	4	1	6	8	5	9	3	7
7	6	8	9	4	3	1	2	5
9	5	3	7	2	1	4	6	8
5	1	9	8	7	6	2	4	3
4	2	7	5	3	9	6	8	1
3	8	6	2	1	4	5	7	9
1	3	2	4	9	7	8	5	6
6	7	4	1	5	8	3	9	2
8	9	5	3	6	2	7	1	4

100

9	1	3	7	2	4	5	6	8
6	8	4	5	9	3	7	2	1
5	2	7	6	8	1	4	3	9
4	5	1	8	7	2	3	9	6
8	9	2	3	4	6	1	5	7
3	7	6	9	1	5	2	8	4
1	4	5	2	6	8	9	7	3
7	3	8	4	5	9	6	1	2
2	6	9	1	3	7	8	4	5

101

9	8	4	7	6	3	5	1	2
1	3	7	8	5	2	6	4	9
6	2	5	1	9	4	3	8	7
8	7	1	9	2	5	4	6	3
3	5	9	6	4	1	7	2	8
4	6	2	3	8	7	1	9	5
5	4	8	2	3	6	9	7	1
2	1	3	4	7	9	8	5	6
7	9	6	5	1	8	2	3	4

102

5	1	2	8	6	4	3	7	9
6	8	3	5	9	7	4	2	1
7	4	9	3	1	2	6	5	8
2	3	5	1	8	9	7	4	6
9	6	8	4	7	3	2	1	5
1	7	4	6	2	5	9	8	3
3	5	6	2	4	1	8	9	7
4	9	1	7	3	8	5	6	2
8	2	7	9	5	6	1	3	4

103

6	7	9	3	4	2	8	1	5
8	1	3	7	9	5	4	2	6
2	4	5	8	1	6	3	7	9
9	2	6	4	3	1	5	8	7
5	3	7	9	6	8	1	4	2
1	8	4	5	2	7	9	6	3
7	5	2	1	8	3	6	9	4
3	9	8	6	7	4	2	5	1
4	6	1	2	5	9	7	3	8

104

7	8	4	6	5	2	9	3	1
3	2	5	4	9	1	6	7	8
6	1	9	7	8	3	4	5	2
1	5	7	2	3	4	8	6	9
2	4	8	9	6	5	3	1	7
9	3	6	1	7	8	2	4	5
8	7	2	5	4	6	1	9	3
5	6	3	8	1	9	7	2	4
4	9	1	3	2	7	5	8	6

105

5	1	6	3	2	9	7	8	4
7	9	2	5	4	8	6	3	1
4	3	8	6	7	1	5	2	9
2	5	4	7	9	3	8	1	6
1	8	7	4	6	5	3	9	2
3	6	9	8	1	2	4	5	7
6	2	5	1	3	7	9	4	8
8	7	1	9	5	4	2	6	3
9	4	3	2	8	6	1	7	5

106

1	2	6	8	7	4	9	3	5
7	4	9	5	3	1	2	8	6
3	8	5	6	9	2	7	4	1
9	7	4	2	1	6	8	5	3
6	5	3	4	8	7	1	9	2
8	1	2	9	5	3	6	7	4
2	3	1	7	4	9	5	6	8
5	6	7	3	2	8	4	1	9
4	9	8	1	6	5	3	2	7

107

8	5	7	6	1	4	3	2	9
4	9	6	2	5	3	7	1	8
2	3	1	9	8	7	5	6	4
1	7	8	3	4	9	6	5	2
5	2	4	7	6	1	8	9	3
9	6	3	5	2	8	4	7	1
7	8	2	4	9	5	1	3	6
6	4	5	1	3	2	9	8	7
3	1	9	8	7	6	2	4	5

108

7	1	6	3	9	2	5	8	4
3	8	5	6	7	4	2	9	1
4	2	9	1	5	8	3	6	7
2	6	4	9	8	3	1	7	5
9	3	1	5	6	7	8	4	2
5	7	8	4	2	1	9	3	6
8	9	2	7	1	6	4	5	3
1	4	7	8	3	5	6	2	9
6	5	3	2	4	9	7	1	8

109

2	1	5	7	8	9	3	6	4
8	4	7	5	6	3	2	1	9
3	6	9	4	2	1	5	7	8
9	2	8	3	7	6	4	5	1
5	3	4	1	9	2	7	8	6
1	7	6	8	4	5	9	2	3
6	5	3	2	1	4	8	9	7
7	9	2	6	3	8	1	4	5
4	8	1	9	5	7	6	3	2

110

9	5	7	8	2	6	3	1	4
1	6	2	3	4	5	7	8	9
4	8	3	1	9	7	2	5	6
5	7	9	4	8	1	6	3	2
8	4	6	7	3	2	1	9	5
2	3	1	5	6	9	8	4	7
6	1	5	9	7	8	4	2	3
3	2	8	6	5	4	9	7	1
7	9	4	2	1	3	5	6	8

111

2	6	3	7	1	4	5	8	9
1	5	8	3	2	9	6	7	4
9	4	7	5	8	6	1	2	3
3	2	1	8	9	5	7	4	6
6	9	4	2	3	7	8	5	1
7	8	5	6	4	1	9	3	2
8	1	6	4	5	3	2	9	7
5	3	9	1	7	2	4	6	8
4	7	2	9	6	8	3	1	5

112

6	5	3	4	2	8	1	7	9
7	9	2	1	5	6	4	3	8
1	4	8	9	3	7	5	2	6
3	2	4	5	1	9	6	8	7
5	8	6	3	7	2	9	1	4
9	1	7	8	6	4	2	5	3
8	3	9	2	4	1	7	6	5
2	7	5	6	9	3	8	4	1
4	6	1	7	8	5	3	9	2

113

5	1	8	2	3	9	6	7	4
4	7	6	8	5	1	3	9	2
2	3	9	7	4	6	8	1	5
7	8	1	5	2	3	4	6	9
6	5	4	9	7	8	1	2	3
3	9	2	6	1	4	5	8	7
1	2	3	4	8	7	9	5	6
9	4	7	1	6	5	2	3	8
8	6	5	3	9	2	7	4	1

114

7	5	1	2	6	9	8	3	4
9	2	8	3	4	5	7	1	6
3	4	6	8	7	1	2	5	9
4	7	9	1	2	6	3	8	5
1	8	5	9	3	7	6	4	2
2	6	3	5	8	4	1	9	7
5	9	2	7	1	8	4	6	3
8	3	4	6	5	2	9	7	1
6	1	7	4	9	3	5	2	8

115

8	9	2	1	3	4	5	7	6
4	5	1	9	7	6	8	2	3
6	3	7	2	5	8	1	9	4
1	4	3	8	9	7	2	6	5
9	8	5	4	6	2	3	1	7
2	7	6	5	1	3	9	4	8
5	1	4	7	8	9	6	3	2
7	6	8	3	2	1	4	5	9
3	2	9	6	4	5	7	8	1

116

1	7	5	8	6	3	4	9	2
4	9	8	1	5	2	7	3	6
2	6	3	4	7	9	8	1	5
3	1	9	2	8	6	5	7	4
8	2	7	9	4	5	3	6	1
6	5	4	3	1	7	9	2	8
9	3	1	5	2	4	6	8	7
5	8	6	7	9	1	2	4	3
7	4	2	6	3	8	1	5	9

117

3	7	4	9	2	5	6	8	1
6	5	2	7	1	8	9	3	4
1	8	9	6	3	4	2	5	7
4	3	8	2	6	7	1	9	5
5	2	7	4	9	1	8	6	3
9	1	6	8	5	3	4	7	2
8	9	3	5	4	2	7	1	6
2	6	1	3	7	9	5	4	8
7	4	5	1	8	6	3	2	9

118

7	3	9	2	1	4	6	5	8
8	4	2	7	6	5	3	1	9
6	1	5	3	9	8	4	7	2
9	2	3	8	7	1	5	4	6
1	6	4	9	5	3	8	2	7
5	8	7	6	4	2	9	3	1
3	5	8	1	2	6	7	9	4
2	7	6	4	3	9	1	8	5
4	9	1	5	8	7	2	6	3

119

3	2	9	6	1	4	7	8	5
5	1	8	2	7	3	4	6	9
7	6	4	8	9	5	1	2	3
4	9	2	7	6	8	5	3	1
6	5	7	3	4	1	2	9	8
8	3	1	5	2	9	6	4	7
2	8	6	1	3	7	9	5	4
9	7	3	4	5	6	8	1	2
1	4	5	9	8	2	3	7	6

120

3	4	2	6	8	1	5	9	7
5	8	1	7	4	9	2	6	3
9	6	7	5	2	3	4	8	1
7	9	8	3	1	5	6	2	4
4	1	6	8	9	2	3	7	5
2	5	3	4	7	6	9	1	8
8	3	9	2	5	7	1	4	6
6	2	4	1	3	8	7	5	9
1	7	5	9	6	4	8	3	2

121

4	3	2	1	6	8	7	5	9
7	6	9	5	3	2	1	4	8
5	8	1	4	7	9	3	6	2
1	4	7	6	8	5	2	9	3
3	5	6	2	9	7	8	1	4
9	2	8	3	1	4	5	7	6
8	7	4	9	5	3	6	2	1
2	1	3	7	4	6	9	8	5
6	9	5	8	2	1	4	3	7

122

6	2	5	4	9	8	1	7	3
8	9	3	7	2	1	6	4	5
4	7	1	3	6	5	9	8	2
2	1	6	9	3	7	4	5	8
5	8	7	2	1	4	3	9	6
3	4	9	5	8	6	2	1	7
7	3	8	1	4	2	5	6	9
1	5	2	6	7	9	8	3	4
9	6	4	8	5	3	7	2	1

123

3	7	2	5	4	9	6	8	1
6	8	4	7	3	1	2	9	5
5	1	9	6	2	8	4	7	3
9	4	8	3	1	6	5	2	7
7	3	6	8	5	2	9	1	4
2	5	1	4	9	7	8	3	6
4	6	7	2	8	3	1	5	9
1	2	3	9	6	5	7	4	8
8	9	5	1	7	4	3	6	2

124

4	7	5	9	6	1	8	2	3
2	3	8	4	7	5	1	6	9
9	6	1	8	3	2	7	4	5
7	1	9	6	2	8	3	5	4
5	4	2	1	9	3	6	7	8
6	8	3	7	5	4	2	9	1
8	5	7	2	1	9	4	3	6
3	2	4	5	8	6	9	1	7
1	9	6	3	4	7	5	8	2

125

3	5	2	9	6	8	1	7	4
6	8	9	4	7	1	5	2	3
7	1	4	3	2	5	8	9	6
8	6	1	2	3	9	4	5	7
9	7	3	1	5	4	6	8	2
2	4	5	7	8	6	3	1	9
4	3	7	8	1	2	9	6	5
1	2	6	5	9	3	7	4	8
5	9	8	6	4	7	2	3	1

126

9	5	3	1	2	6	4	8	7
1	8	2	9	4	7	5	6	3
4	7	6	5	3	8	2	1	9
6	9	7	2	5	4	1	3	8
2	4	1	3	8	9	6	7	5
5	3	8	7	6	1	9	2	4
7	2	4	6	9	3	8	5	1
8	1	5	4	7	2	3	9	6
3	6	9	8	1	5	7	4	2

127

3	4	5	6	9	8	1	7	2
8	1	7	3	5	2	6	4	9
6	9	2	1	4	7	8	5	3
4	5	9	8	3	1	7	2	6
1	8	6	7	2	9	5	3	4
2	7	3	4	6	5	9	8	1
9	2	8	5	1	4	3	6	7
7	3	1	2	8	6	4	9	5
5	6	4	9	7	3	2	1	8

128

6	5	3	4	8	2	7	1	9
2	7	4	3	9	1	8	5	6
8	9	1	6	5	7	4	2	3
7	4	9	8	1	5	3	6	2
1	8	6	2	4	3	5	9	7
5	3	2	9	7	6	1	8	4
3	1	7	5	6	9	2	4	8
4	6	5	7	2	8	9	3	1
9	2	8	1	3	4	6	7	5

129

3	9	2	8	1	4	5	6	7
4	7	5	2	9	6	3	8	1
6	1	8	7	5	3	9	4	2
9	8	7	5	6	2	4	1	3
5	6	3	9	4	1	7	2	8
1	2	4	3	8	7	6	9	5
8	4	6	1	3	5	2	7	9
7	5	9	4	2	8	1	3	6
2	3	1	6	7	9	8	5	4

130

9	8	2	7	4	5	3	6	1
6	3	1	9	2	8	4	5	7
4	7	5	6	3	1	2	8	9
3	2	9	5	1	7	6	4	8
8	6	7	3	9	4	5	1	2
1	5	4	2	8	6	9	7	3
5	9	8	1	6	3	7	2	4
2	4	6	8	7	9	1	3	5
7	1	3	4	5	2	8	9	6

131

2	8	3	7	1	5	4	9	6
1	7	4	2	6	9	3	8	5
9	6	5	8	4	3	1	2	7
6	9	8	1	5	2	7	4	3
5	1	7	9	3	4	2	6	8
4	3	2	6	8	7	5	1	9
7	2	6	5	9	1	8	3	4
8	4	1	3	7	6	9	5	2
3	5	9	4	2	8	6	7	1

132

6	3	7	8	9	1	5	2	4
1	5	9	3	2	4	7	6	8
2	4	8	5	6	7	9	1	3
8	1	2	7	5	3	6	4	9
3	7	4	9	8	6	2	5	1
9	6	5	4	1	2	3	8	7
5	9	1	2	3	8	4	7	6
7	2	6	1	4	9	8	3	5
4	8	3	6	7	5	1	9	2

133

9	7	4	2	1	8	6	3	5
6	1	8	4	3	5	9	2	7
2	3	5	6	9	7	8	1	4
3	9	1	8	6	4	5	7	2
7	8	2	9	5	3	1	4	6
4	5	6	1	7	2	3	9	8
5	4	3	7	8	9	2	6	1
8	6	7	3	2	1	4	5	9
1	2	9	5	4	6	7	8	3

134

6	7	1	4	2	3	8	9	5
5	2	8	1	9	7	6	3	4
3	9	4	8	5	6	1	2	7
4	5	6	9	7	1	2	8	3
8	1	7	3	4	2	9	5	6
9	3	2	5	6	8	7	4	1
2	8	3	6	1	5	4	7	9
7	6	9	2	3	4	5	1	8
1	4	5	7	8	9	3	6	2

135

3	4	1	6	5	8	7	9	2
9	5	8	3	2	7	6	1	4
2	6	7	4	9	1	8	5	3
8	9	2	5	4	3	1	6	7
5	3	4	1	7	6	2	8	9
1	7	6	2	8	9	4	3	5
4	1	3	7	6	5	9	2	8
7	8	5	9	1	2	3	4	6
6	2	9	8	3	4	5	7	1

136

5	6	3	1	4	7	9	8	2
8	9	4	3	2	6	1	7	5
2	1	7	8	9	5	4	6	3
7	3	2	4	1	9	8	5	6
6	4	9	5	8	3	7	2	1
1	5	8	7	6	2	3	9	4
3	7	1	6	5	8	2	4	9
9	8	5	2	3	4	6	1	7
4	2	6	9	7	1	5	3	8

137

9	5	6	8	1	2	7	4	3
3	8	7	9	6	4	5	1	2
4	1	2	7	3	5	6	9	8
8	3	9	1	4	7	2	6	5
6	2	4	5	9	3	1	8	7
5	7	1	6	2	8	9	3	4
7	6	5	3	8	9	4	2	1
1	4	8	2	5	6	3	7	9
2	9	3	4	7	1	8	5	6

138

3	6	7	8	9	2	1	5	4
4	8	9	6	1	5	7	2	3
5	1	2	3	4	7	6	9	8
7	3	8	4	2	9	5	1	6
1	4	6	5	7	8	9	3	2
2	9	5	1	3	6	4	8	7
6	5	3	7	8	1	2	4	9
8	2	1	9	6	4	3	7	5
9	7	4	2	5	3	8	6	1

139

3	2	8	7	9	4	6	1	5
1	5	7	2	6	8	9	4	3
9	4	6	1	3	5	2	7	8
4	3	5	8	7	9	1	2	6
6	1	2	4	5	3	7	8	9
7	8	9	6	2	1	5	3	4
8	7	4	5	1	6	3	9	2
2	6	3	9	8	7	4	5	1
5	9	1	3	4	2	8	6	7

140

6	8	4	2	1	3	5	9	7
1	7	2	5	4	9	6	8	3
3	5	9	7	6	8	4	1	2
5	4	8	9	3	1	7	2	6
7	1	6	8	5	2	3	4	9
2	9	3	4	7	6	1	5	8
8	3	1	6	9	5	2	7	4
9	6	7	1	2	4	8	3	5
4	2	5	3	8	7	9	6	1

141

6	2	4	1	5	7	9	8	3
1	9	5	6	3	8	2	7	4
8	3	7	9	4	2	5	1	6
4	1	2	3	6	5	7	9	8
9	7	3	8	1	4	6	5	2
5	8	6	2	7	9	4	3	1
2	5	8	4	9	1	3	6	7
3	4	9	7	8	6	1	2	5
7	6	1	5	2	3	8	4	9

142

8	9	2	4	5	6	3	7	1
6	7	3	1	8	9	4	5	2
4	5	1	2	7	3	9	8	6
2	3	4	6	1	7	8	9	5
1	8	5	3	9	4	6	2	7
9	6	7	5	2	8	1	4	3
5	4	8	7	3	1	2	6	9
7	1	9	8	6	2	5	3	4
3	2	6	9	4	5	7	1	8

143

8	7	9	5	3	1	6	2	4
5	3	4	6	8	2	7	9	1
1	6	2	9	4	7	8	3	5
4	1	7	3	5	9	2	8	6
6	8	3	1	2	4	5	7	9
2	9	5	8	7	6	1	4	3
9	4	1	2	6	8	3	5	7
3	2	6	7	9	5	4	1	8
7	5	8	4	1	3	9	6	2

144

9	4	8	6	3	2	5	7	1
1	2	3	9	7	5	8	4	6
5	7	6	4	8	1	2	9	3
4	8	9	2	1	7	6	3	5
6	5	2	3	4	9	1	8	7
7	3	1	8	5	6	4	2	9
2	1	7	5	9	4	3	6	8
8	9	4	1	6	3	7	5	2
3	6	5	7	2	8	9	1	4

145

1	8	9	2	7	6	4	5	3
6	4	2	9	3	5	7	1	8
3	7	5	8	4	1	6	2	9
9	3	4	6	2	7	1	8	5
5	6	7	3	1	8	9	4	2
2	1	8	4	5	9	3	6	7
7	2	1	5	9	4	8	3	6
4	5	6	7	8	3	2	9	1
8	9	3	1	6	2	5	7	4

146

1	7	2	3	8	4	6	9	5
4	8	5	7	9	6	1	2	3
6	9	3	5	1	2	8	7	4
8	4	9	2	6	1	5	3	7
2	1	7	4	5	3	9	8	6
3	5	6	9	7	8	2	4	1
9	6	1	8	3	7	4	5	2
7	2	8	1	4	5	3	6	9
5	3	4	6	2	9	7	1	8

147

5	2	3	6	7	1	8	4	9
6	8	9	4	3	2	1	7	5
7	4	1	8	9	5	6	3	2
4	5	2	1	6	9	7	8	3
8	3	7	5	2	4	9	6	1
9	1	6	7	8	3	5	2	4
2	9	8	3	5	7	4	1	6
1	6	5	2	4	8	3	9	7
3	7	4	9	1	6	2	5	8

148

7	8	9	3	6	1	4	2	5
3	2	4	9	8	5	7	6	1
5	6	1	7	4	2	9	8	3
2	1	8	5	7	3	6	9	4
4	7	5	6	9	8	1	3	2
6	9	3	1	2	4	8	5	7
1	5	7	8	3	9	2	4	6
8	4	6	2	5	7	3	1	9
9	3	2	4	1	6	5	7	8

149

2	1	7	5	9	4	6	3	8
6	5	4	3	2	8	7	1	9
9	3	8	1	7	6	4	2	5
1	2	6	9	8	7	5	4	3
4	8	9	6	3	5	2	7	1
3	7	5	2	4	1	9	8	6
7	4	3	8	5	9	1	6	2
5	6	2	4	1	3	8	9	7
8	9	1	7	6	2	3	5	4

150

4	7	5	8	3	9	1	2	6
6	8	9	2	1	5	7	4	3
2	1	3	7	6	4	5	9	8
1	2	6	5	9	3	8	7	4
9	3	4	1	7	8	2	6	5
8	5	7	6	4	2	9	3	1
7	9	8	3	5	6	4	1	2
5	6	1	4	2	7	3	8	9
3	4	2	9	8	1	6	5	7

151

9	5	3	7	8	4	1	6	2
2	6	7	5	1	9	3	4	8
1	8	4	3	2	6	7	9	5
3	7	6	2	5	1	4	8	9
4	9	2	8	6	7	5	3	1
5	1	8	4	9	3	2	7	6
6	4	1	9	3	5	8	2	7
7	2	9	1	4	8	6	5	3
8	3	5	6	7	2	9	1	4

152

8	1	5	3	2	4	7	6	9
2	4	7	6	9	1	3	8	5
9	3	6	7	8	5	4	2	1
5	8	3	9	4	2	1	7	6
6	2	9	8	1	7	5	3	4
4	7	1	5	6	3	2	9	8
1	9	2	4	3	6	8	5	7
3	5	8	1	7	9	6	4	2
7	6	4	2	5	8	9	1	3

153

8	9	6	2	5	7	1	4	3
4	3	5	1	8	9	2	6	7
1	7	2	6	4	3	8	9	5
3	5	7	8	1	4	9	2	6
2	4	1	7	9	6	5	3	8
9	6	8	5	3	2	4	7	1
6	8	3	9	2	5	7	1	4
7	1	9	4	6	8	3	5	2
5	2	4	3	7	1	6	8	9

154

5	1	2	6	8	3	9	4	7
9	6	7	4	1	5	2	8	3
4	3	8	7	9	2	1	5	6
7	8	9	3	6	1	5	2	4
1	4	5	9	2	7	3	6	8
3	2	6	5	4	8	7	9	1
8	7	4	2	3	9	6	1	5
2	5	1	8	7	6	4	3	9
6	9	3	1	5	4	8	7	2

155

3	2	7	4	6	1	9	8	5
4	6	5	2	8	9	1	7	3
9	8	1	3	5	7	2	4	6
8	4	9	7	2	5	6	3	1
5	3	6	8	1	4	7	2	9
1	7	2	6	9	3	8	5	4
6	1	8	5	3	2	4	9	7
7	9	3	1	4	8	5	6	2
2	5	4	9	7	6	3	1	8

156

4	8	7	2	9	3	5	6	1
5	3	1	4	6	7	9	8	2
6	2	9	5	1	8	7	3	4
3	9	5	7	8	1	2	4	6
7	4	8	6	5	2	3	1	9
2	1	6	9	3	4	8	7	5
8	5	4	3	2	6	1	9	7
9	7	3	1	4	5	6	2	8
1	6	2	8	7	9	4	5	3

157

5	7	9	8	1	2	6	3	4
2	3	4	7	5	6	9	1	8
8	6	1	9	3	4	5	2	7
1	2	3	6	9	7	8	4	5
7	8	5	4	2	1	3	9	6
4	9	6	5	8	3	2	7	1
6	4	2	3	7	8	1	5	9
9	1	7	2	6	5	4	8	3
3	5	8	1	4	9	7	6	2

158

2	7	1	8	9	6	3	5	4
4	6	5	1	2	3	7	9	8
8	9	3	4	5	7	1	2	6
3	8	6	5	4	9	2	7	1
9	1	2	6	7	8	4	3	5
5	4	7	3	1	2	8	6	9
6	3	9	2	8	1	5	4	7
1	2	4	7	6	5	9	8	3
7	5	8	9	3	4	6	1	2

159

6	4	7	9	5	1	3	8	2
9	5	1	8	3	2	6	7	4
2	3	8	7	6	4	1	5	9
7	8	3	2	9	5	4	1	6
1	2	9	6	4	7	8	3	5
5	6	4	1	8	3	2	9	7
4	1	5	3	2	9	7	6	8
8	7	2	5	1	6	9	4	3
3	9	6	4	7	8	5	2	1

160

8	4	7	1	5	3	6	9	2
1	5	9	6	8	2	3	4	7
6	2	3	9	4	7	8	1	5
4	9	6	2	3	8	5	7	1
3	1	5	4	7	9	2	6	8
2	7	8	5	1	6	9	3	4
7	6	2	8	9	1	4	5	3
9	3	4	7	2	5	1	8	6
5	8	1	3	6	4	7	2	9

161

7	5	9	2	8	6	3	4	1
2	4	1	7	9	3	8	6	5
8	6	3	4	5	1	7	9	2
6	3	2	5	7	9	4	1	8
4	9	5	6	1	8	2	3	7
1	7	8	3	2	4	9	5	6
3	8	6	1	4	2	5	7	9
9	1	7	8	3	5	6	2	4
5	2	4	9	6	7	1	8	3

162

1	5	9	6	4	7	8	3	2
7	6	3	9	8	2	1	5	4
4	8	2	1	3	5	9	6	7
2	1	4	3	9	6	5	7	8
3	7	8	5	1	4	6	2	9
5	9	6	2	7	8	3	4	1
6	4	5	8	2	9	7	1	3
8	3	7	4	5	1	2	9	6
9	2	1	7	6	3	4	8	5

163

1	8	3	9	5	4	7	2	6
9	4	5	2	6	7	3	8	1
7	6	2	8	1	3	4	5	9
4	9	1	6	3	2	8	7	5
2	5	8	7	9	1	6	4	3
3	7	6	4	8	5	9	1	2
8	3	7	5	2	6	1	9	4
5	1	9	3	4	8	2	6	7
6	2	4	1	7	9	5	3	8

164

2	7	6	4	1	3	8	9	5
8	1	5	7	9	6	4	3	2
3	9	4	8	5	2	1	7	6
5	4	3	6	8	9	7	2	1
9	2	7	3	4	1	5	6	8
1	6	8	5	2	7	9	4	3
7	3	1	9	6	5	2	8	4
4	5	9	2	3	8	6	1	7
6	8	2	1	7	4	3	5	9

165

1	3	5	2	8	7	6	9	4
6	9	4	5	1	3	7	8	2
2	8	7	6	4	9	5	3	1
3	6	8	7	5	2	1	4	9
5	2	9	4	6	1	8	7	3
4	7	1	3	9	8	2	6	5
7	1	2	9	3	6	4	5	8
8	5	3	1	7	4	9	2	6
9	4	6	8	2	5	3	1	7

166

3	4	5	2	1	6	8	7	9
1	7	8	4	9	3	6	2	5
6	9	2	8	7	5	4	3	1
8	2	1	5	4	9	7	6	3
7	6	3	1	2	8	5	9	4
9	5	4	6	3	7	1	8	2
2	1	6	3	8	4	9	5	7
4	8	7	9	5	2	3	1	6
5	3	9	7	6	1	2	4	8

167

5	8	4	9	2	7	6	1	3
3	1	2	8	5	6	7	9	4
7	6	9	1	3	4	2	8	5
4	2	1	3	8	9	5	7	6
6	5	3	4	7	1	8	2	9
9	7	8	5	6	2	4	3	1
8	4	6	2	9	3	1	5	7
1	9	5	7	4	8	3	6	2
2	3	7	6	1	5	9	4	8

168

1	6	3	2	9	4	8	7	5
9	8	2	6	5	7	4	1	3
7	5	4	3	8	1	9	6	2
4	2	6	5	7	8	3	9	1
5	7	8	9	1	3	2	4	6
3	9	1	4	2	6	7	5	8
8	3	9	7	6	5	1	2	4
6	4	7	1	3	2	5	8	9
2	1	5	8	4	9	6	3	7

169

6	9	3	4	8	7	2	5	1
7	8	5	2	1	6	4	3	9
4	2	1	3	5	9	8	7	6
1	5	9	7	4	2	6	8	3
3	7	2	9	6	8	5	1	4
8	6	4	1	3	5	7	9	2
9	4	8	6	7	3	1	2	5
2	1	7	5	9	4	3	6	8
5	3	6	8	2	1	9	4	7

170

7	2	6	3	4	1	8	5	9
8	9	5	2	6	7	1	4	3
4	1	3	9	5	8	6	2	7
5	6	4	8	9	3	7	1	2
2	7	9	5	1	6	4	3	8
3	8	1	7	2	4	9	6	5
1	3	8	4	7	2	5	9	6
6	5	7	1	3	9	2	8	4
9	4	2	6	8	5	3	7	1

171

1	6	8	2	4	7	3	5	9
2	7	9	1	3	5	4	6	8
3	4	5	6	8	9	2	1	7
8	9	3	5	2	4	1	7	6
6	1	7	3	9	8	5	2	4
4	5	2	7	6	1	9	8	3
9	3	1	8	5	6	7	4	2
7	2	6	4	1	3	8	9	5
5	8	4	9	7	2	6	3	1

172

8	5	9	7	1	4	6	2	3
4	1	3	2	5	6	7	9	8
7	6	2	8	9	3	5	1	4
9	7	5	4	2	1	8	3	6
2	4	1	3	6	8	9	5	7
3	8	6	5	7	9	1	4	2
1	3	4	6	8	5	2	7	9
6	9	7	1	4	2	3	8	5
5	2	8	9	3	7	4	6	1

173

4	3	1	7	2	9	8	6	5
8	6	5	4	1	3	7	9	2
9	7	2	6	8	5	3	4	1
1	9	7	8	3	2	4	5	6
5	8	3	1	4	6	9	2	7
6	2	4	9	5	7	1	3	8
3	1	8	5	6	4	2	7	9
7	4	6	2	9	1	5	8	3
2	5	9	3	7	8	6	1	4

174

2	4	1	5	8	6	7	9	3
5	9	6	4	3	7	2	8	1
8	7	3	1	9	2	4	6	5
9	5	7	6	4	3	1	2	8
4	3	8	7	2	1	9	5	6
1	6	2	8	5	9	3	4	7
7	8	4	9	1	5	6	3	2
3	1	5	2	6	4	8	7	9
6	2	9	3	7	8	5	1	4

175

4	3	9	6	1	2	8	7	5
1	8	5	9	4	7	6	2	3
2	7	6	5	8	3	1	9	4
5	1	2	7	9	4	3	6	8
9	6	8	2	3	5	7	4	1
3	4	7	8	6	1	2	5	9
6	2	4	1	5	8	9	3	7
8	9	3	4	7	6	5	1	2
7	5	1	3	2	9	4	8	6

176

2	5	3	7	8	9	6	4	1
1	4	8	5	2	6	7	9	3
6	9	7	3	1	4	8	5	2
3	1	4	9	7	2	5	6	8
8	6	2	4	5	1	3	7	9
5	7	9	8	6	3	1	2	4
7	2	6	1	4	8	9	3	5
4	3	1	6	9	5	2	8	7
9	8	5	2	3	7	4	1	6

177

2	4	3	5	9	7	6	1	8
7	5	1	6	3	8	4	2	9
9	6	8	2	4	1	3	7	5
1	2	5	4	7	3	9	8	6
8	9	6	1	2	5	7	4	3
4	3	7	9	8	6	1	5	2
5	1	2	7	6	9	8	3	4
6	8	4	3	1	2	5	9	7
3	7	9	8	5	4	2	6	1

178

1	9	7	8	2	5	6	3	4
4	2	5	1	3	6	9	7	8
3	6	8	9	4	7	1	5	2
9	7	3	2	5	1	8	4	6
6	4	1	3	7	8	5	2	9
8	5	2	6	9	4	3	1	7
2	1	4	5	6	9	7	8	3
7	8	9	4	1	3	2	6	5
5	3	6	7	8	2	4	9	1

179

2	9	4	8	3	1	7	6	5
8	6	7	2	9	5	4	1	3
5	1	3	4	6	7	8	2	9
4	5	8	7	2	3	1	9	6
9	7	6	5	1	8	3	4	2
3	2	1	6	4	9	5	8	7
6	3	9	1	5	4	2	7	8
1	8	5	9	7	2	6	3	4
7	4	2	3	8	6	9	5	1

180

9	7	3	2	4	8	1	6	5
6	2	8	3	5	1	7	9	4
1	4	5	6	7	9	3	8	2
4	9	2	1	8	5	6	3	7
8	3	6	7	2	4	5	1	9
7	5	1	9	6	3	4	2	8
2	6	4	8	1	7	9	5	3
5	8	9	4	3	6	2	7	1
3	1	7	5	9	2	8	4	6

181

1	9	2	4	8	6	5	3	7
4	6	3	7	9	5	1	8	2
7	5	8	1	3	2	9	4	6
8	2	1	5	4	3	7	6	9
9	3	5	8	6	7	2	1	4
6	4	7	2	1	9	8	5	3
2	1	6	3	7	8	4	9	5
5	8	9	6	2	4	3	7	1
3	7	4	9	5	1	6	2	8

182

4	3	1	5	9	2	8	7	6
9	5	8	7	6	3	4	1	2
2	6	7	8	4	1	9	3	5
7	2	3	6	8	5	1	4	9
6	8	5	4	1	9	3	2	7
1	9	4	2	3	7	6	5	8
5	4	9	3	7	8	2	6	1
3	1	2	9	5	6	7	8	4
8	7	6	1	2	4	5	9	3

183

8	3	2	9	4	7	6	5	1
1	6	9	8	3	5	4	7	2
7	4	5	2	6	1	8	9	3
5	8	4	6	1	9	3	2	7
3	7	1	4	2	8	9	6	5
9	2	6	7	5	3	1	8	4
6	5	7	3	8	4	2	1	9
4	1	8	5	9	2	7	3	6
2	9	3	1	7	6	5	4	8

184

2	6	5	3	1	7	4	9	8
1	4	7	2	9	8	5	6	3
3	9	8	6	4	5	2	1	7
4	8	1	9	3	2	7	5	6
9	7	2	4	5	6	3	8	1
5	3	6	7	8	1	9	4	2
8	1	4	5	2	3	6	7	9
6	2	9	8	7	4	1	3	5
7	5	3	1	6	9	8	2	4

185

3	4	5	6	9	1	8	2	7
8	1	6	5	7	2	9	3	4
7	2	9	3	4	8	6	5	1
4	3	1	9	5	7	2	8	6
2	6	8	1	3	4	5	7	9
9	5	7	8	2	6	1	4	3
6	8	3	7	1	5	4	9	2
1	7	4	2	8	9	3	6	5
5	9	2	4	6	3	7	1	8

186

9	2	6	4	8	3	7	5	1
1	5	7	2	6	9	4	8	3
3	4	8	5	1	7	2	9	6
2	7	9	3	5	8	1	6	4
5	8	3	6	4	1	9	7	2
4	6	1	9	7	2	8	3	5
6	9	2	8	3	4	5	1	7
7	3	4	1	9	5	6	2	8
8	1	5	7	2	6	3	4	9

187

6	5	7	1	3	4	8	2	9
8	2	3	5	7	9	1	4	6
9	4	1	8	2	6	7	5	3
4	6	9	3	5	1	2	7	8
3	7	2	6	4	8	5	9	1
1	8	5	7	9	2	6	3	4
2	3	6	4	1	5	9	8	7
7	9	8	2	6	3	4	1	5
5	1	4	9	8	7	3	6	2

188

8	4	9	2	6	5	7	3	1
5	7	1	4	9	3	6	2	8
3	6	2	8	7	1	9	5	4
2	8	3	5	4	7	1	6	9
6	9	7	3	1	2	4	8	5
1	5	4	9	8	6	3	7	2
4	1	5	6	3	8	2	9	7
9	2	6	7	5	4	8	1	3
7	3	8	1	2	9	5	4	6

189

8	5	1	6	7	4	9	3	2
9	7	6	1	2	3	8	4	5
4	2	3	5	9	8	6	1	7
5	3	7	9	8	6	1	2	4
6	4	2	7	3	1	5	8	9
1	9	8	2	4	5	3	7	6
3	1	5	4	6	7	2	9	8
2	8	4	3	5	9	7	6	1
7	6	9	8	1	2	4	5	3

190

3	9	8	4	2	7	1	6	5
4	6	1	3	5	8	7	9	2
7	2	5	9	6	1	8	4	3
6	5	7	2	8	4	3	1	9
9	8	2	7	1	3	4	5	6
1	3	4	5	9	6	2	8	7
8	7	9	6	4	2	5	3	1
5	1	3	8	7	9	6	2	4
2	4	6	1	3	5	9	7	8

191

9	8	1	6	3	5	2	4	7
5	4	7	2	9	8	1	3	6
2	3	6	1	7	4	9	8	5
8	5	9	3	4	7	6	2	1
7	6	3	9	1	2	8	5	4
4	1	2	5	8	6	7	9	3
6	9	8	7	5	3	4	1	2
1	2	5	4	6	9	3	7	8
3	7	4	8	2	1	5	6	9

192

5	7	6	1	8	3	4	9	2
3	4	9	7	5	2	8	1	6
8	1	2	9	4	6	7	3	5
1	2	4	3	6	8	5	7	9
6	3	7	2	9	5	1	4	8
9	5	8	4	1	7	6	2	3
2	6	1	5	7	9	3	8	4
4	8	3	6	2	1	9	5	7
7	9	5	8	3	4	2	6	1

193

9	3	6	4	7	5	2	8	1
7	1	5	3	8	2	9	4	6
8	2	4	1	9	6	3	7	5
1	9	7	5	4	3	6	2	8
5	6	8	9	2	1	7	3	4
2	4	3	8	6	7	1	5	9
6	5	2	7	1	4	8	9	3
3	8	1	2	5	9	4	6	7
4	7	9	6	3	8	5	1	2

194

4	2	1	9	7	8	3	5	6
3	5	8	1	4	6	9	7	2
6	9	7	2	5	3	1	8	4
9	1	5	3	2	7	6	4	8
7	3	4	8	6	5	2	1	9
2	8	6	4	9	1	5	3	7
5	6	2	7	1	4	8	9	3
1	4	3	6	8	9	7	2	5
8	7	9	5	3	2	4	6	1

195

7	2	4	1	3	8	6	5	9
6	1	9	2	5	7	3	8	4
5	3	8	9	6	4	2	1	7
1	6	5	4	9	2	8	7	3
9	7	2	8	1	3	5	4	6
8	4	3	6	7	5	9	2	1
4	5	6	7	2	9	1	3	8
2	8	1	3	4	6	7	9	5
3	9	7	5	8	1	4	6	2

196

8	6	9	4	7	2	3	1	5
7	5	3	1	6	8	2	4	9
4	2	1	3	9	5	7	8	6
2	8	7	5	3	6	4	9	1
6	9	4	7	2	1	8	5	3
3	1	5	8	4	9	6	7	2
9	3	8	6	1	7	5	2	4
1	7	6	2	5	4	9	3	8
5	4	2	9	8	3	1	6	7

197

2	9	7	8	4	6	5	3	1
8	4	5	3	7	1	2	9	6
6	1	3	2	9	5	8	7	4
1	8	6	7	3	2	4	5	9
9	3	4	1	5	8	7	6	2
5	7	2	4	6	9	3	1	8
7	2	1	9	8	3	6	4	5
4	5	8	6	1	7	9	2	3
3	6	9	5	2	4	1	8	7

198

7	4	2	1	5	3	9	8	6
6	3	5	9	4	8	7	1	2
9	1	8	2	7	6	3	4	5
4	8	6	7	1	5	2	3	9
2	9	3	8	6	4	5	7	1
5	7	1	3	9	2	8	6	4
1	2	7	4	8	9	6	5	3
3	6	4	5	2	7	1	9	8
8	5	9	6	3	1	4	2	7

199

2	3	7	8	6	5	1	4	9
6	1	4	7	2	9	5	3	8
8	5	9	1	4	3	2	7	6
4	2	3	6	5	1	8	9	7
7	9	6	2	8	4	3	1	5
1	8	5	9	3	7	6	2	4
9	7	2	5	1	6	4	8	3
5	4	8	3	9	2	7	6	1
3	6	1	4	7	8	9	5	2

200

2	8	9	5	4	1	3	7	6
7	1	3	6	9	2	8	4	5
4	6	5	7	3	8	9	2	1
1	5	7	9	2	3	4	6	8
8	3	4	1	7	6	5	9	2
6	9	2	4	8	5	1	3	7
9	4	8	2	5	7	6	1	3
3	7	6	8	1	9	2	5	4
5	2	1	3	6	4	7	8	9

Play these other fun puzzle books by USA TODAY

USA TODAY Sudoku

USA TODAY Everyday Sudoku

USA TODAY Crossword

USA TODAY Logic

USA TODAY Word Roundup / Word Search

USA TODAY Jumbo Puzzle Book

USA TODAY Jumbo Puzzle Book 2

USA TODAY Don't Quote Me®

USA TODAY Picture Puzzles Across America

USA TODAY Word Finding Frenzy

USA TODAY Sudoku 2

USA TODAY Crossword 2

USA TODAY Logic 2

USA TODAY Sudoku 3

USA TODAY Up & Down Words Infinity

USA TODAY Crossword 3

USA TODAY Sudoku Super Challenge

USA TODAY Crossword Super Challenge

USA TODAY Logic Super Challenge

USA TODAY Jumbo Puzzle Book Super Challenge

USA TODAY Sudoku Super Challenge 2

USA TODAY Crossword Super Challenge 2

USA TODAY Logic Super Challenge 2

USA TODAY Jumbo Puzzle Book Super Challenge 2

USA TODAY Crossword Super Challenge 3